如果容許我再過一次人生

留住那稍縱即逝的日子，蒙田對「生命」的思考

(Michel de Montaigne)

目錄

目錄

熱愛生命

生活樂趣的大小是隨我們對生活的關心程度而定的。

我對某些詞語賦予特殊的含義。拿「度日」來說吧，天色不佳，令人不快的時候，我將「度日」看作是「消磨光陰」；而風和日麗的時候，我卻不願意去「度」，這時我是在慢慢賞玩，領略美好的時光。壞日子，要飛快去「度」，好日子，要停下來細細品嚐。「度日」、「消磨時光」的常用語令人想起那些「哲人」的習氣。他們以為生命的利用不外乎在於打發它、消磨它，並且盡量迴避它，無視它的存在，彷彿這是一件苦事、一件賤物似的。至於我，我卻認為生命不是這樣的，我覺得它值得稱頌，富有樂趣，即便我自己到了垂暮之年也還是如此。我們的生命受到自然的厚賜，它是優越無比的，如果我們覺得不堪生之重壓或是白白虛度此生，那也只能怪我們自己。

糊塗人的一生枯燥無味，躁動不安，卻將全部希望寄託於來世。

—— 塞內卡（Lucius Seneca）

　　不過，我卻隨時準備告別人生，毫不惋惜。這倒不是因生之艱辛或苦惱所致，而是由於生之本質在於死。因此只有樂於生的人才能真正不感到死之苦惱。享受生活要講究方法。我比別人多享受到一倍的生活，因為生活樂趣的大小是隨我們對生活的關心程度而定的。尤其在此刻，我眼看生命的時光無多，就愈想增加生命的分量。我想靠迅速抓緊時間，去留住稍縱即逝的日子；我想憑時間的有效利用，去彌補匆匆流逝的光陰。剩下的生命愈是短暫，我愈要使之過得豐盈飽滿。

閒逸

沒有確定目標的靈魂最容易迷失。正如常言道，無處不在就等於無處所在。

我們看見許多荒地，如果它土壤肥沃，那必然叢生千百種不知名的無用野草；想要讓它為我們所用，就要將它清理乾淨，播撒好的種子。我們看見許多婦女，任憑自己生出一堆畸形的肉體，想讓她們得到真實而正直的後嗣，就要重新施以良種。我們的思想也是如此。如果不能讓它遵循一定的約束，專注於某些特定的目的，它就會迷失自己，放縱自己在想像的原野上漫無目的地飄蕩，毫無方向地肆意馳騁。

> 當青銅盆裡波動的水面，
> 反射出明亮的陽光或皓白的月光，
> 光芒燦爛地飛舞，穿過空氣，
> 直抵富麗堂皇的屋頂。[001]

—— 維吉爾（Vergil）

---

[001] 原文為拉丁語。

瘋狂，抑或夢幻，從騷動不安的靈魂中誕生。

正如病人的夢境，

混亂不堪，幻覺叢生。[002]

—— 賀拉斯（Horace）

沒有確定目標的靈魂最容易迷失。正如常言道，無處不在就等於無處所在。

馬克西姆，無處不在，就是無處所在。[003]

—— 塞內卡

近來我隱居家中[004]，決定不理其他繁雜之事，閒逸以度這短暫的餘生，彷彿讓我的頭腦回歸空白，讓它盡情地休息，自由地轉動，這是我善待它的最好方式。我原本希望，隨著時間的流逝，我的大腦會愈加沉著冷靜，變得更成熟，能更從容更自由地運轉，但是，結果卻背道而馳。

閒逸的大腦只會讓人胡思亂想。[005]

—— 盧卡努斯（Marcus Lucanus）

---

[002] 原文為拉丁語。
[003] 原文為拉丁語。
[004] 1571 年。
[005] 原文為拉丁語。

它就像一匹脫韁的野馬，自由馳騁在茫茫草原上。我們的大腦在閒逸之時，必會充斥著種種雜亂無章的思緒，重重幻覺交織纏繞在一起，比它思考一件事還要多想一百倍。我開始拿筆一一記錄下這些怪誕且愚蠢的行為，以便隨時能夠觀察細想，但願日後自覺慚愧。

 閒逸

悲傷

小悲則言，大悲則靜。

悲傷這種情感，是最可以摒棄的。我既不欣賞它，也不喜歡它，但世人總是煞有介事地對它推崇備至。人們常為這種情感穿上智慧、道德和良心的華麗外衣，這種裝飾多麼古怪而拙劣！而義大利人的解釋則貼切得多：他們將「邪惡」視為「悲傷」的代言詞。因為這種情感向來就是一種無益而可恥的荒謬情感，所以斯多葛派也將悲傷視為怯懦和卑下，禁止他們的哲人握有這種情感。

據載，埃及國王普薩美迪克三世（Psammetique III）被波斯王坎比塞斯二世（Cambyses II）打敗，成為一名俘虜；當他親眼看見被俘的女兒身著婢女的衣服，在波斯人的喝斥下汲水時，身旁所有的朋友無不痛苦地低聲哀號，而他只是一言不發地呆立在那裡，兩眼無神地盯著地面，一動也不動；當他又看見自己的兒子被敵人推上斷頭臺，即將執行死刑，他依舊沉默不語，和之前一樣無動於衷。然而，當他瞥見自己的僕人在俘虜的隊列中被肆意驅趕，他

開始控制不住哀傷的情緒，痛苦不堪地朝著自己的腦袋一
通亂砸。最近我們一位王子[006]的遭遇可以說與這一故事極
其相似。在特朗特，他得知自己的長兄被害，整個家族的
支柱和榮耀轟然倒塌；接著又獲悉二哥也慘遭不幸，全家
的另一個希望就此幻滅；面對著這接踵而至的打擊，他以
常人難以想像的毅力鎮定地承擔起這一切。然而，不久之
後，他的一個僕人死去了，這一突如而至的消息讓他瞬間
崩潰，毫不克制地縱情發泄出自己的悲痛。見過此情景的
人都認為，這最後的一擊方才撼動了王子的情感，而事實
卻是，之前失去親人的哀痛已經讓他悲痛欲絕了，所有的
情緒都已處在崩潰邊緣，而再添加上一點點的打擊，都會
讓他的防線全盤失守。這個說法同樣可以對上一個故事做
出解釋，即使我們所看見的場景是，普薩美迪克三世對子
女的不幸無動於衷，卻對僕人的遭遇難掩悲痛之情，但當
坎比塞斯二世就這一點向這位埃及國王提出疑問時，他答
道：「後者的悲傷可以透過眼淚來宣泄，而對子女的悲傷
卻是任何方式都無以言表的。」

　　談及至此，我自然就想起了一位古代畫家頗為類似的

---

[006] 指洛林紅衣主教夏爾‧德‧吉斯（Charles de Guise）。幾天內他相繼失去兩個
　　兄弟，大哥法蘭索瓦‧德‧古斯（Francois de Lorraine le Balafre，2me Duc de
　　Guise）於 1563 年 2 月 24 日圍攻奧爾良時被殺，另一個死於同年 3 月 6 日。

作品。這位畫家要創作一幅伊菲革涅亞（Iphigenia）[007] 獻祭儀式的作品，畫中依照在場每一位與這位無罪少女的遠近親疏關係來表達出各種程度的悲傷之情；而當畫到少女的父親時，這位畫家窮盡一切技法和才華，最後只是讓這位父親雙手掩面，似乎再沒有別的方式能夠表達這種深深的悲痛了。這也就是詩人們將這位前後痛失七子一女的母親尼俄柏（Niobe）[008]，塑造成一尊默默不語、處於麻木之中的雕塑的緣故；詩人只想讓這位母親化為一座雕石，彷彿這才足以表達出她巨大的悲痛，

　　沉痛的悲傷將她凝結成一尊石像。[009]

—— 奧維德（Ovid）

的確如此，當悲痛的力量達到極限，整個靈魂都會為之一顫，肉體突然陷入僵硬麻木之中，無法自由行動。這就正如我們突然獲知某一噩耗之時，會感覺到肢體的僵硬、癱軟，感覺所有的行動都被限制了自由；而當靈魂將沉重的悲哀和傷痛通通宣洩出去，化為眼淚和言語，衝出

---

[007]　伊菲革涅亞為希臘神話中的人物，其父阿加曼農（Agamemnon）因冒犯女神阿提米絲（Artemis）而遭女神懲罰。遠征特洛伊的船隊無風不能起航，必須把伊菲革涅亞獻祭給女神，才能平息其怒火。

[008]　尼俄柏為希臘神話中的人物。

[009]　原文為拉丁語。

一條道路來，我們的心靈就會重獲自由，找到通往慰藉和放鬆的出口，

　　痛苦到了極點，終於哭出了聲。[010]

—— 維吉爾

　　匈牙利國王的遺孀在布達附近與弗迪南國王（Ferdi-nand I of Naples）的遺孀作戰之時，德軍的雷薩利亞克將軍看見戰場上抬回一具戰士的屍體。大家曾親眼看見這位烈士在戰場上勇武非凡的表現，將軍與眾人無不為他扼腕嘆息。出於好奇，將軍與眾人一同上前想看清此人究竟是誰。等卸掉死者的盔甲，將軍才發現此人正是自己的兒子。震天動地的哀慟聲中，唯有將軍默不作聲，孤獨地站立在那裡，怔怔地凝望著那具軀體，沒落下一滴眼淚。這極度的悲哀讓他的血液漸漸冰冷，凝固，最後，他直直地倒了下去，僵死在地，永遠停止了呼吸。

　　正如情人們所說：

---

[010]　原文為拉丁語。

能夠說出有多灼熱的火，它就只能算作溫火。[011]

—— 佩脫拉克（Francesco Petrarca）

人們以這樣的詞句來描繪愛情中那種無法遏抑的激情：

我啊，多可憐！

我的感官早已不聽使喚。

累斯比，我剛見到你，

整個靈魂便陶醉其中；

愛火燃遍了我的全身；

耳畔響起了嗡鳴之聲；

眼前一片沉靜的黑夜。[012]

—— 卡圖魯斯（Quintus Lutatius Catulus）

並且，當感情到達了最熾熱、最激烈的時刻，我們的哀怨和相思之苦就難以表露了。這一刻，沉重的思緒已將靈魂壓得透不過氣來，炙熱的愛情也讓身體走向了虛弱和憔悴。

---

[011] 原文為拉丁語。

[012] 原文為拉丁語。摘自拉丁詩人卡圖魯斯（Quintus Lutatius Catulus，前 87- 前 54）的詩體劇，累斯比是詩人對他的情婦克洛迪亞的稱呼。

　　所以，隨時出現在情人身上的沒有端由的暈眩，和那
燃燒起來的激情，會在到達某個頂點的那一刻，突然在情
人冰冷的身軀中冷卻下來。所有耐人尋味和悄然融化的情
感都不過是渺小平庸之情。

　　小悲則言，大悲則靜。[013]

—— 塞內卡

　　出乎意料的歡欣之情，同樣也會讓人大為震驚，

　　她看著我和特洛伊軍隊迎面走來，

　　驟然一驚，神情恍惚而迷離，

　　面色蒼白，目光呆滯，驟然間昏倒在地，

　　許久才重新張口言語。[014]

—— 維吉爾

　　據歷史記載，因過度興奮而猝死之人比比皆是：羅馬
婦人曾因為看見兒子從坎尼歸來，大喜過望而瞬間喪命；
索福克里斯（Sophocles）和暴君狄奧尼修斯[015]也是因為樂
極而死；塔爾瓦在科西嘉得知羅馬參議院賜予他榮爵的稱

---

[013] 原文為拉丁語。
[014] 原文為拉丁語。
[015] 狄奧尼修斯（前367- 前344），錫拉庫薩國王，老狄奧尼修斯之子。

號，一度興奮至極而突然暴斃。除了這些之外，在本世紀（16 世紀 —— 編者注），類似的例子也舉不勝舉：教宗里昂十世（Pope Leon X），當他日夜盼望米蘭城被攻下的消息從前方傳來時，狂喜不已而丟掉了性命。如果還有一個更能證明人類愚蠢的例子，也就莫過於古人所流傳下來的哲學家狄奧多羅斯（Diodorus Siculus），由於他不能當眾解答對手提出的難題，即刻就在他的學院裡含著羞恥之情而發狂，當場一命嗚呼。

我很少受到這種強烈情感的牽制。我的知覺生來遲鈍，理性又在一天天將它束縛起來。

 悲傷

友誼

　　只有當年齡和性格達到成熟牢固之時，才能夠正確完整地判斷友誼。

　　一位畫家在為我作畫時，其使用的畫法不禁讓我萌生了模仿的念頭。他以牆壁為畫布，以牆壁的最中央為主景落筆點，在這最好的地方盡情施展他全部的才華，創作出一幅精美的油畫，而後用怪誕的裝飾畫填滿周圍的空間，這些裝飾畫同樣也獨具特色，變化萬千。而我的散文呢？難道不是這樣新奇獨特的怪誕畫嗎？朦朧模糊的臉孔，千奇百怪的身軀，各式各樣的肢體拼接起來，以隨意的比例和次序連接成一個整體。

　　一個長著魚尾巴的美女的身軀。[016]

—— 賀拉斯

　　在創作第二部分內容時，我同那位畫家的做法並無差異，但第一部分也是核心部分，我的功力尚且不夠，我能力有限，才能淺薄，無法畫出高雅絢爛、彰顯出藝術性的

---

[016]　原文為拉丁語。

作品來。我也曾想過，是否可以從艾蒂安‧德‧拉博埃西（Étienne de La Boétie）[017] 那裡借來一些名作，好為我的作品添色生香。這就是拉博埃西的一篇論文，名為〈甘願受奴役〉，後來有些借用者並不知作者已為本文命了名，因此重新擬了新標題：「反獨夫」。在當時，拉博埃西尚且年少，難免年輕氣盛，因此這篇文章被他寫成一篇評論，極力倡導自由，抨擊專政。

此後，那些理解力極高的文人們開始互相傳閱並極力推崇這篇評論，這的確是一篇極其優秀的文章，觀點犀利，表達全面。當然，也不能說這是他所有作品裡最好的一篇；但是，後來在我與他相識之際，他若能與我下同樣的決心，決定寫出自己最真實的想法，那麼我想，一定會誕生更多與古典作品並駕齊驅、堪稱傳世之作的偉大作品。這一點毋需置疑，他在這方面有著得天獨厚的天賦，就我所認識的人當中，絕對無人能與他抗衡。

但是，到最後他就只剩下這篇文章了，而且還是偶然才保留下來的，在我看來，他之後再也沒見過這篇文章；

---

[017] 拉博埃西（Étienne de La Boétie，1530-1563），法國行政官員、詩人、人文主義者。從 1557 年起，他對蒙田有很大的影響，死時把他的文稿留給了蒙田，後者設法把這些文稿出版了，就差〈甘願受奴役〉一文沒有發表。

另外他還寫了關於一月敕令[018]的論文，一月敕令正是因與我們的國內戰爭相關而名聲大噪。這幾篇文章出版的可能性很大。他給我所有珍貴的遺贈品當中，我能收回的就只有這些了。他在臨終前留下遺囑，要將他的所有文稿和藏書全部贈予我。除此之外，還將他的論文集遺贈給我，後來，我將這些文集全部出版了。[019] 不過，我最要感謝的仍舊是〈甘願受奴役〉；因為有了它，我才得以認識拉博埃西。在我們尚未相識之前，我就已經熟知他的大作了，他的名字我也有所耳聞，而在此之後，我與拉博埃西的友誼就拉開了序幕。在上帝的祝福中，這份友誼在我們的精心灌溉下越來越彌足珍貴。甚至可以說，在整個人類交往的歷史上，這種深刻的友誼都十分罕見。要多少次的相交相知，才能建立起這般深厚的情誼！能在三個世紀裡找出一例來就實屬不易了。

　　或許是出自一種本能，人類鍾情於交友勝過任何其他一切。亞里斯多德（Aristotle）曾說，最好的法官把友誼看得比公正還重要。但是，我和拉博埃西之間就存在一種至善至美的友誼。友誼多種多樣，往往都是由慾望、利益、

---

[018]　隱射 1562 年 1 月法國國王查理九世的母后卡特琳頒布的宗教寬容法令。
[019]　這本論文集於 1572 年在巴黎出版。

友誼

公眾需求或私人需要作為維繫的紐帶。因此，越是摻雜著與友誼本身無關的其他動機、目的或利益，就越難有真正的美好和真誠，也就越無友誼可言。

從古到今，友誼有這樣四種類型：以血緣關係為基礎的，普通社交活動所建立起來的，處於禮儀待客之道的，男女之間有關愛情的，不管是單一的或是相互聯合在一起的，這都不是我在此要談論的友誼。

為何說父子之間沒有友誼？因為子女對父親的感情，多半出於一種尊敬。友誼建立在交流的基礎上，而父子之間有明顯的地位差距，難以有這種交流，也許還可能傷及父子間天然的義務關係。父親通常不會向孩子袒露內心的祕密，以免產生一種隨意感，使父親在孩子心裡失去應有的威嚴；同時孩子也不能指明或責備父親的錯誤，對父親提出意見，而這一點卻是友誼中最不可缺少的職責。

很久以前，許多國家都有父子間的傳統習俗，有些國家是兒子必須殺死父親，有些國家則相反，父親必須殺死兒子；當然，這些習俗的最終目的都是要掃清障礙，一方的毀滅是另一方存在的決定性因素。這種天然的父子關係曾遭受眾多古代哲學家的鄙夷。阿瑞斯提普斯（Aristippus）就是一個例子：他被人逼問，生下孩子的原因是否出

自於對孩子的愛，他對此十分不屑，蔑視地說道，若肚子裡孕育的是蠕蟲和虱子，他也照樣會讓牠們出生。另一個證實這一點的例子就是普魯塔克，他在談及兄弟情誼時說道：「我一點也不在乎，即便我們是一母所生。」

在我看來，兄弟這個詞語充滿了珍貴而美好的愛意，我與拉博埃西之間就是兄弟之情。但是，兄弟之間往往會牽扯財產分配和利益混合，一個人的富足必然導致另一個人的貧困，這就會使兄弟情誼大大削弱和淡化。在同一條路上行走，或在同一領域謀利，兄弟之間必然會發生衝突和頂撞。不過，從另一方面講，兄弟之間為何又會存在那種真摯而完美的情誼呢？父子兩人可能有截然不同的性格，兄弟之間也同樣。這是我兒子，這是我父親，但他本性卑劣，或野蠻粗俗，或愚蠢無知。通常，人與人之間的友誼越是建立在自然法則的基礎之上，這種天然的義務就會越大程度地削弱人的自由意志，而自由意志所產生的東西絕非其他，正是友愛和情誼。這一點我深有體會，雖然我有一個世上最寬容的父親，直到他臨終的那一刻都一如既往；而我的家庭在父子之情上堪稱楷模，在兄弟情誼方面也遠近聞名，

我給予兄弟那慈父般的愛遐邇聞名。[020]

—— 賀拉斯

倘若將男女間的愛情與友誼相比，即使愛情是我們自己做出的選擇，也並不屬於友誼的範疇，不在友誼之列。我認同愛情的火焰更熾熱，更激烈，更活躍。

因為愛神已將我們看透，

在她操心的事中摻入甜蜜的痛苦。[021]

—— 卡圖魯斯

但愛情的火焰卻總是搖曳不定，變化莫測。它激烈而衝動，忽冷忽熱，忽大忽小，讓我們時刻緊張兮兮。然而，友誼的火焰散發出的是一種普通的溫熱，它平靜而安穩，鎮定平和，持久不變；它愉悅而雅緻，不會讓人感到痛苦和難過。而且，愛情裡難免暗藏著一種狂熱的慾望，一種越是得不到卻越要追求的狂妄：

正如獵人捕獲野兔，

無論嚴寒或酷暑，

無論險峰或深谷，

---

[020] 原文為拉丁語。
[021] 原文為拉丁語。

只想拚命將它抓在手中，

一旦得到，便不再珍惜。[022]

— 阿里奧斯托（Ludovico Ariosto）

愛情倘若進入友誼的層面，也就是說，進入志同道合、彼此賞識的階段，它就會漸漸消退，進而消逝不見。愛情的最終目的在於取悅身體，一旦慾望得到滿足，便不復存在；但友誼則截然相反，越是讓人嚮往，就越樂在其中。友誼一旦獲得，便會得到更進一步的滋潤，不斷向前發展，因為它源於精神和心靈，靈魂也會由此而昇華。在這至善的友誼背後，我也曾暗享過輕率的愛情，在此我不想多談，以上幾句詩已經表達得夠通透了。所以，在我身上這兩種感情都曾駐足留守過，我們彼此相識，但絕不會互相爭奪擠對；友誼在上空抬頭昂首，傲氣凜然，在自己的路上邁著堅定的步伐，不屑的目光掃過在它下方掙扎著的愛情。

至於婚姻，那更無異於一場交易。在這場生意中，只有入口處是自由的（它的延續具有一種強迫性，由我們意志以外的東西決定），而且通常會隱藏著其他的動機和目

---

[022] 原文為拉丁語。

的。另外，還要解開無數個繁雜難理的情結糾纏，這些足以破壞婚姻關係的和諧，阻礙感情的延續。然而，友誼除了自身以外，不涉及其他任何的交易。說實話，這種聖潔的關係通常不能給予女人滿足感，她們沒有足夠堅強的靈魂，不能忍受自己被這種恆久的親密關係所束縛。先拋開這種情況不談，倘若能夠在完全自由自願的基礎上建立起一種純粹的關係，讓心靈相互契合，靈魂彼此擁有，肉體結合也能完美地參與進來，雙方都能用心投入，那麼，友誼必定會達到至善至美的境地。遺憾的是，尚未有事例證明女人可以做到這樣。女人是被友誼排除在外的 —— 這一觀點得到了古代各個哲學派系的一致認同。

我們的習俗公正地排斥和鄙夷希臘人另一種可恥的愛情[023]。這種愛情與我們所要求的完美相去甚遠，與我們恰當的結合更是背道而馳，因為從習俗上來講，戀人雙方的地位和年齡必然要有所差距：「這種友誼式的愛情究竟目的何在？人們為何不愛英俊的小老頭，也不愛膚淺的年輕小夥子？」[024] 對於這一點，我給予了堅定的反對態度，而柏拉圖學園的描述就不像我這樣。

---

[023] 指同性戀。
[024] 原文為拉丁語。西塞羅語

他們說，維納斯之子在情人心中第一次萌生出對美少年的迷戀，這種情感是建立在漂亮外表的基礎之上，實際上這也只是身體的假象；他們允許這種迷戀像不斷膨脹的慾望那樣，狂熱、毫無節制、隨心所欲。當然，初次對美少年產生迷戀，這絕不可能出自於精神；精神戀愛和靈魂交流尚未顯現出來，還處於萌芽階段。倘若一個內心卑劣的人狂熱地迷戀上一個少年，他的追求就是以物質、金錢、加官晉爵，或某些廉價商品為通道，而柏拉圖哲學家們對這種手段極為憎恨和不恥。

心靈高尚之人，必然會採取高尚的追求手段：讓對方感受哲學的魅力，教會他崇尚宗教信仰，遵循並服從法律，獻身於國家利益，這些都彰顯了謹慎、公正、英勇的重要品德；追求者若想更容易被對方接納，就要盡量保持心靈的美麗高雅，因為肉體早已風光不再，唯有依靠精神的契合，才能維持更堅實、更長久的關係。當追求者成功收穫果實，那麼這個被愛者就會期望透過美好的心靈構建出一種精神（追求者在求愛期間，柏拉圖派並不要求他們一定要小心翼翼，或表現得從容不迫，但卻要求被愛者做到這些，因為心靈之美是很難辨別真偽的，他們需要對真正的內心作出判斷）。在被愛者決定接納求愛之前，首先

要注重心靈之美，外表之美只是位於其次的附屬參考，而
這恰好與追求者的標準相反。

　　因此，被愛者更容易得到柏拉圖派的偏愛，奧林匹斯
諸神也證實了這一點。詩人埃斯庫羅斯（Aeschylus）的做
法遭到了他們的強烈譴責：他在阿基里斯（Achilles）[025]
和帕特洛克洛斯（Patroclus）[026] 的愛情故事中，將年少輕
狂、最富年輕活力、最勇猛的希臘人阿基里斯塑造成求愛
者的角色。在愛情中，最重要也是最具尊嚴的成分就是
精神上的一致性，柏拉圖派的觀點是，精神一致所帶來
的結果對自己或對方都大有裨益；這種一致性體現出了國
家的力量，捍衛了應有的公正和自由。證實這一點的最好
典範就是哈爾摩狄奧斯（Harmodius）[027] 與阿里斯托革頓
（Aristogeiton）[028] 之間的愛情。不過，這種一致性被柏拉
圖派冠以至上和神聖的名號。他們認為，對於專制者的殘

---

[025]　阿基里斯為希臘神話中的英雄，參加特洛伊戰爭，英勇無比，大敗特洛
　　　　伊人。
[026]　帕特洛克洛斯為阿基里斯的好友。在特洛伊戰爭中，他身穿阿基里斯的盔
　　　　甲衝到特洛伊城下，被赫克托爾（Hector）殺死。他的朋友阿基里斯為他報
　　　　了仇。
[027]　哈爾摩狄奧斯（Harmodius，? - 前 514），雅典公民，與他的朋友阿里斯托革
　　　　頓密謀反對雅典暴君的獨裁政權，當場被殺死。
[028]　阿里斯托革頓（Aristogeiton，? - 前 514），雅典青年，與他的朋友哈爾摩狄
　　　　奧斯一起謀反雅典獨裁者，被捕後死於酷刑。

暴和人民的懦弱來說，它是最有力的敵人。總之，柏拉圖哲學的愛情觀可以歸納為這一句話：愛情的結局存在於友誼中。斯多葛派對愛情的解釋也大致如此：「愛情是贏得友誼的一種嘗試，當我們被某人的美麗外表所吸引，我們就會渴望獲得他的友誼。」[029] 現在，我們回到最初對友誼的描述上，給出更公正的說法：「只有當年齡和性格達到成熟牢固之時，才能夠正確完整地判斷友誼。」[030]

我們平常所稱的「朋友」和「友誼」，無非就是指出於某種機緣或某種利益，彼此心靈相通而建立起來的密切往來和友善關係。而我在此要說的友誼，則是指相互融合的心靈，彼此間完美地結為一體，連用以連接的紐帶都消失隱藏其中。倘若有人逼迫我說出喜歡他的原因，我會感覺不知如何表達，只好這樣回答：「因為那是他，因為這是我。」

對於促成我和拉博埃西這種友誼的力量，除了我能闡述清楚的以外，還有某種我無法解釋的必然如此的媒介力量，那是任何言辭都無法表達出來的。我們未謀面之前，僅僅因為彼此聽到別人談及對方，就奇妙地相互產生了好

---

[029]　原文為拉丁語。西塞羅語。
[030]　原文為拉丁語。西塞羅語。

感，渴望能夠見面。我想，這大概是天意注定的吧。我們單單只是聽過對方的名字，就彷彿已經友好地擁抱了。後來，在一次重大的市政節日裡，我們偶然得以相見。初次晤面，我們便發覺彼此十分默契，深感相識恨晚；從此以後，我們便成了莫逆之交。再後來，拉博埃西用拉丁語寫了一篇極具諷刺意味的出色詩作，已經發表了。[031] 他透過這首詩，完美地闡述了我們之間這種神速到達至上境界的深刻友誼。

我們相識時都已不再年輕，他還比我年長幾歲，兩人相識時，蒙田 25 歲，拉博埃西 28 歲。未來交往的日子屈指可數，我們的交情起步太晚了。因此，必須抓緊時間，不能像往常一樣，依泛泛之交的規矩行事，還要先進行長時間的謹慎接觸。我們這種友情，別無其他模範參考，自己就是理想的模式。既非出於某種特殊的元素，也不是三五種乃至上千種特別的要素，而是一種無以名之的由眾多要素混合而成的精粹，它控制我的全部意願，使之與他的意願融合在一起，化為一體；同樣，拉博埃西的全部意願也被它攫住，使之融合進我的意願中，合二為一。我說「融為一體」，那的確如此，因為我們彼此都沒有私自留下

---

[031] 由蒙田收進拉博埃西的文集中。

自己的任何東西，也沒有區分屬於他的，還是屬於我的。

　　羅馬執政官們在處死提比略・格拉古（Tiberius Gracchus）[032] 之後，繼續追捕並迫害與他有過交往的一些人。他最要好的朋友凱厄斯・布洛修斯便是其中之一。尤利烏斯・凱薩（Julius Caesar）[033] 當著羅馬執政官的面，問布洛修斯願意為他的朋友做些什麼，布洛修斯的回答是一切事情。尤利烏斯聽了後，追問道：「什麼？一切事情？如果他要你燒掉我們的神廟呢？」布洛修斯駁斥了他的話：「他絕不會要我去做這樣的事情。」「但如果他提出了這樣的要求呢？」尤利烏斯接著問，布洛修斯答道：「那我會去做。」

　　據史書上記載：倘若布洛修斯是格拉古真正的朋友，就無須如此冒險來衝撞執政官，也不應該放棄對格拉古人格的信任。但是，那些斥責他的言辭具有煽動性的人，並不懂得其中的祕密，也不知道布洛修斯心底裡對格拉古堅定的態度。實際上他們倆相交甚深，他們之間的友誼十

---

[032]　提比略・格拉古（Tiberius Gracchus，前 162- 前 133），古羅馬護民官，試圖進行農業改革，把大貴族竊取的土地歸還給平民，但未得平民歡迎。他本人在反對貴族挑起的民眾暴亂中被殺。

[033]　尤利烏斯・凱薩（活動期為西元前 2 世紀），古羅馬軍人、政治家。西元前 140 年成為執政官。

分牢固，彼此也十分了解。他們不是普通朋友的交往，不與國家為敵為友，也從不盲目冒險或製造混亂。他們信任對方，也欽佩對方。你可以將這種信賴交付於道德和理性引導的韁繩（若你不這樣做，這根韁繩就絕不可能受制於你），你就會發現布洛修斯會給出這樣的答案。假如他們的行動與思想背離，兩人無法達成一致的話，那麼，不管是以我的標準，還是他們的標準來看，他們都不再是朋友。

就算是我，我想我也會給出同樣的答案。假如我被人問道：「倘若您的意願要求您處死您的女兒，您會這樣去做嗎？」我會給出肯定的答案。因為即便我做出這樣的回答，也並不代表我就一定會這樣去做，我十分信任自己的意願，也絕不會懷疑這樣一個朋友的意願。我從不會懷疑我朋友的目的和思想，這個堅定信念是世上任何藉口都無法動搖的。無論我朋友的做法以何種方式和面目呈現，我都能立刻發現它的目的。我們心靈相融，步伐協調，彼此欣賞，友誼之情已深入靈魂深處，所以，我對他瞭若指掌，正如我對自己了解通透一樣，而且，我比信任自己還要信任他。

千萬不要把普通的友誼和我在此談及的友誼相提並

論。同樣，我也曾有過普通的友誼，也十分完美，但我告誡各位，若是將這其間的規則混為一談，便會很容易出錯。對於普通的友誼，人們像握著繩索般小心翼翼地前行，彷彿稍不留神，手裡的繩索就會崩然斷裂。奇隆這樣說道：「愛他，就要想到有一天你會恨他；恨他時又要想到你可能會再次愛他。」這一規則，對於我談及的那種崇高的友誼來說，是十分令人厭惡的，可對於普通的友誼來說，卻是必要且有益的。對於後者而言，亞里斯多德有一句名言十分匹配：「哦，我的朋友們，世上並沒有一個人是朋友。」

恩惠和利益孕育著普通的友誼，而在我這種至上的友誼中，卻遍尋不著它的蹤跡，因為我們的意志早已彼此交融。在必要時，我也會向朋友求助，但無論斯多葛派如何誇大宣稱，我們的友誼都不會因此而有所加深，我也不會因為朋友給予我幫助而私下感到慶幸。這種深度的友誼結合，才能稱作真正意義上的完美。朋友間不再存在義務的概念，而他們極其厭惡的導致分歧和爭端的字眼，比如利益、義務、感激、祈求等等，也都消失在他們的視野中。實際上，他們之間所有的一切，包括意志、思想、觀點、財產、妻子、兒女、榮譽和生命，都為他們共同所有。他

們行動一致，依據亞里斯多德的定義，他們是一個靈魂占據兩個軀體，所以，他們之間不存在給予或獲得任何東西。這也就是為什麼立法者為了使婚姻與這神聖的友誼有某種想像上的相似，而禁止夫妻雙方相互贈予並立此憑證。由此我們可以推斷，所有的一切都應屬於夫妻雙方共同所有，彼此間沒有什麼東西是可以分開獨立存在的。

我談及的這種友誼，倘若雙方之間存在贈予這種行為，那麼，接受方就相當於接受了贈予方的恩惠。因為彼此都想為對方付出，這種強烈的意願超乎於做其他事的意願，因此，為贈予方提供付出的機會，接受方就表現出寬容的一面，他同意朋友為他做事，就意味著他對朋友施予恩惠。所以，哲學家第歐根尼（Diogenes）遭遇經濟困難時，他並不會說向朋友們借錢，而是說成要朋友們還錢。下面我要講述頗為奇特的古代例子，以此來證實這一點。

科林斯人歐達米達斯有兩個朋友，一個是卡里塞努斯，西錫安人，另一個是阿雷特斯，科林斯人。歐達米達斯生前極為貧困潦倒，而他的這兩位朋友卻都是富人，於是他在遺囑中寫道：「我將我母親的贍養責任和送終職責遺贈予阿雷特斯，我將我女兒的婚姻大事遺贈予卡里塞努斯，讓他竭盡全力為我的女兒安置豐厚的嫁妝。若這兩位

朋友有一方離世，另一方將接替他的職責。」起初，那些看到這則遺囑的人頗為不屑。但是，遺囑中的繼承者卻欣然接受所有的條件。他的朋友卡里塞努斯在五天後也撒手人寰，而另一位朋友阿雷特斯自然就接替了他的職責。他將朋友的母親悉心安頓好，並且把自己的五塔蘭財產分成兩半，一半給自己的獨生女兒置辦嫁妝，另一半則按照歐達米達斯的遺囑，給朋友的女兒作陪嫁。而這兩位女兒的婚禮則在同一天隆重舉行。

這個事例很能說明問題，若是說到不足之處，那只有一點──朋友數量過多。我談及的這種至善的友誼，是不能被分割開來的；彼此間把一切都留給了對方，不能再從中分出來一點什麼留給其他人；與之相反，他還為此而深感遺憾──為什麼自己不能化身為兩三個，甚至更多，不能擁有好幾個意願和靈魂去為朋友付出所有。

一般的友誼是可以幾人同享的：你可以欣賞這個人的英俊外貌，喜歡那個人的溫和大方，你也可以欣賞這個人慈父般的胸懷，喜歡那個人兄弟般的情誼，等等。然而，我這種至高無上的友誼卻統領和控制著我們的靈魂，是不可以與任何其他人共享的。假如兩個朋友同時來向你求助，你會去幫誰？假如這兩個人要求你做的事恰好背道而

馳，你會將誰的要求放在首位？假如其中一個人要你保守
他的祕密，而另一個人卻一定要知道，你又將如何處理這
個問題，擺脫這種困境？倘若你擁有的是獨一無二的高尚
友誼，那其他的職責和義務就都不必考慮了。你既然發誓
要保守祕密，那麼除了你自己以外，你絕不會違反誓言，
把祕密告訴另外一個人。一個人能一分為二，這已經算作
了不起的奇蹟了；還有人說能一分為三，那簡直是天馬行
空。但凡能分成同等的好幾份，那就不再具有唯一性了。
有人做出假設，我將自己的愛分成同樣的兩份，給予我的
兩個朋友，他們則會跟我對他們一樣，彼此尊敬，互相愛
護，這種假設完全就是把獨一無二的單個體成倍增加，變
成一個團體，若世上真有這樣的事情存在，恐怕也是極為
罕見的特例吧。

　　我之前所說的那個故事，就十分符合我所談及的友誼
之道：歐達米達斯給予朋友們恩惠，要朋友們為他做事，
繼承他的遺囑，為他效勞，這也就是為他們提供了付出的
機會，他所贈予的是一種慷慨和寬容。毋庸置疑，與阿雷
特斯的境況比起來，他所展現出來的友誼的力量要更加強
大。簡言之，尚未品嚐過這種友誼的人很難想像出其中的
滋味。有一位年輕士兵回答居魯士一世（Cyrus I）的話讓

我尤為讚賞：這位士兵的馬兒剛剛贏得比賽，居魯士走上前來，問他這匹馬兒能否賣給他，是否能接受以一個王國作為交換條件，這位士兵回答道：「不，陛下，當然不。不過，倘若我能換來一個朋友，若我能尋覓到一個真正值得交心的摯友，我會十分樂意拱手讓出我的馬兒。」

「若我能尋覓到」，這是句好話！尋找一些泛泛之交的普通朋友絕非難事，但我們提及的友誼，是彼此真誠、坦誠相待的，自然，所有的目的也要真實可信，絕無遮掩或保留。

在某些友誼利益並存的關係中，你只需防止維繫關係的這一端不出任何問題。比如，我不可能去管我的醫生或律師信仰什麼宗教，這本身就與我們之間的朋友關係毫無關聯，與他們為我效勞也沒有影響。我與僕人之間也一樣。我所在意的只是他是否勤快，他的道德廉恥心怎樣我也很少去關注。我不在意趕騾人是否貪玩，我只擔心他腦袋愚笨，我也不怕廚師說話粗俗，只是怕他無知。我不願意要求別人應該怎麼做，這種閒事到處都有人操心，我只會讓別人看到自己是怎麼做的。

這是我的做法，你可照你自己的想法去做。[034]

—— 泰倫提烏斯（Publius Terentius Afer）

在聚餐時，我喜歡輕鬆自在地開開玩笑，不拘束，不緊張，不需謹慎小心；在床上休息時，我喜歡美麗超過心善；在人際交往中，我喜歡能力強的人，即使他不夠正直。除此以外的其他也都一樣。

當阿格西萊二世（Agesilaus II）同孩子們一起玩騎棍遊戲時，碰巧被人撞見，他誠懇地請求那人在當上父親之前不要對此貿然評斷，他認為，只有當那人內心多了某種迷戀的情愫時，才會公正地看待這樣的行為。在此，對於我所談及的這種友誼，我衷心地希望，那些曾經嘗試過的人能與我談一談。不過，我很清楚，現實中的習慣做法多少都離這種友誼天懸地隔，這種彌足珍貴的友誼寥若晨星，我也沒抱什麼期望能出現一個公正的評判家。古人就這個話題給我們留下了無數的思想和論斷，但他們很難與我感同身受，在我的感覺面前略顯無力。對於這一話題，事實永遠勝於哲理箴言：

---

[034]　原文為拉丁語。

對於思想健康者，什麼也比不過一個令人愉快的朋友。[035]

—— 賀拉斯

古人米南德（Menander）說，若是能尋覓到朋友的影子，也就相當幸福了。他自然有理由說出這句話，即便他曾擁有過這種至上的友誼。感謝上帝賜予我如此平和愉悅的生活，即便因為失去這位摯友讓我倍感傷懷，但我實則也坦然心安，毫無憂愁，因為我從不追尋別的慾望或需求，原始需求和自然需要已經讓我獲得了滿足。不過，說心裡話，倘若拿我的整個一生同與那位摯友共同度過的四年相比，那也不過只是一片雲霧，一個平淡而昏沉的長夜。自他離我而去的那一天起，

那就是永遠值得紀念的一天，殘酷的一天。

（神啊，這是你們的意願）[036]

—— 維吉爾

我便精神萎靡，彷彿只等著耗費這餘下的生命；一切玩樂並沒能給我帶來慰藉，反倒讓我愈加思念我的朋友。

---

[035]　原文為拉丁語。
[036]　原文為拉丁語。

過去我們分享彼此的一切，現在彷彿我將他的那一半偷
走了，

　　我願意放棄今後的快樂，

　　因為我的生活已無他與我分享。[037]

—— 泰倫提烏斯

　　我早已習慣以第二個一半行走於世，我感覺我的那一
半已不復存在。

　　啊！命運奪走了我的另一半靈魂，

　　我何須再珍惜餘下的一半？那我有何用？我為什麼還
要繼續活著？

　　在你離開的那一天，我便不復存在。[038]

—— 賀拉斯

　　我做任何事，思考任何想法，我都會責難於他，好比
他若站在我的位置上也會如此。不管是能力和品行，他不
止百倍地遠勝於我，在友誼上也一樣，他所盡的職責永遠
在我之上。

---

[037]　原文為拉丁語。
[038]　原文為拉丁語。

我無法忍受失去你的痛苦，兄弟！

我們之間的友誼是多麼歡樂，

這一切卻都因你的消失而不見！

你帶著我的幸福走遠了，

你的墳墓埋葬了我們共有的靈魂。

我不思不想，如同行屍走肉，

再也沒有閒暇心思讀書，

我只希望能和你說說話，

可是卻再也不能聽到你的聲音？

啊！兄弟，我視你為生命般珍貴，

難道永遠的愛，也無法將你帶回來嗎？[039]

—— 卡圖魯斯

不過，讓我們來聽一聽這位 16 歲少年[040] 的心聲。

我發現那篇論文[041] 居然被一些心懷不軌的人發表了，那些人企圖擾亂和破壞這個國家現行的法則和秩序，卻又不評估自己是否能做到。他們找了一些符合他們審美口味的文章和這篇文章彙編成一本書一併出版，所以，我只能

---

[039] 原文為拉丁語。

[040] 這裡指的是蒙田的摯友拉博埃西。第一個版本是 18 歲。

[041] 指拉博埃西的論文〈甘願受奴役〉。他的一些信徒把它和其他人寫的幾篇抨擊文章融進《查理十一時代法國的回憶錄》中，於 1576 年出版。

在這裡發表。為了幫助想了解拉博埃西的思想與行為的人，好讓他們對拉博埃西有一個完整的印象，我要說，這篇文章是他少年時期寫的，這不過是普通練習的文章，所論述的議題也只是平平常常，哪裡都能找到。他對他自己所寫的東西都深信不疑，因為他無論做什麼都非常認真，就算是在玩耍時也不說假話。我還了解到，倘若他能夠選擇出生地，那他寧願生在威尼斯 [042]，也不要是在薩爾拉；這個選擇很好解釋。雖然如此，在他的心中還鑴刻著另一條格言：恪守家鄉的法律。沒有誰能比他更加安分守己，也不會有誰像他一樣希望國家安定，反對動盪不安的社會。如果哪裡發生騷動，他會盡力去平息，絕對不會袖手旁觀，更不會火上澆油。他的思想方式是前幾個世紀的模式。

但是，我還是想用他的另外一篇作品來代替這個太過嚴肅的論文，那篇論文和〈甘願受奴役〉於同一個時代誕生，但內容則輕鬆活潑得多。

---

[042] 原文為拉丁語。

人與人的差別

萬事萬物衡量其價值的標準皆為自身的特質,唯有人是例外。

普魯塔克似乎曾在某地說過,人與人之間的差別遠遠大於獸與獸之間的差別。他所說的差別,具體體現為內在的特質和生命力。確實,在我看來,從情理上來說──那些我熟悉的人──也跟我的想像相差無幾,與伊巴密濃達(Epaminondas)有如此遙遠的距離。因此,我情願比普魯塔克走得還要遙遠,我想說的是,人與人之間的差別,有些時候甚至比人與獸之間的差別還大:

啊!人與人之間可以相差多遠哪![043]

── 泰倫提烏斯

天有多高,智力就會有多少個等級的差別。

但是,倘若提及人的價值,有一點甚是奇怪:萬事萬物衡量其價值的標準皆為自身的特質,唯有人是例外。一匹馬,我們對牠的讚揚在於靈活雄健的特質,

---

[043] 原文為拉丁語。

人們讚揚快馬，是因為牠
在全場的高呼中得獎獲勝。[044]

—— 尤維納利斯（Decimus Iunius Iuvenalis）

　　而不在於牠昂貴的鞍轡；一條獵狗，我們對牠的讚揚在於其奔跑的疾速，而不在於牠華美的項圈；一隻鳥兒，我們對牠的讚揚在於翱翔的翅膀，而不在於牽絆牠的腳鈴或牽繩。那麼，就一個人而言，為什麼我們不能將衡量他的標準也建立在他的品格之上呢？龐大的隨從陣容、富麗堂皇的大廈、名聲赫赫的威望、巨額數目的年金，這些僅僅只是身外之物，並非內在品格，不能以此作為讚揚的標準。你若要買一隻貓，你定會將牠從袋子裡抱出來，親手接觸到牠的身體；你若要仔細挑選一匹上好的馬，你也一定會將牠背上披著的鎧甲卸下來。你要見到完整的、毫無遮掩的馬；若是像古代君王挑馬那樣，將馬兒的次要部位蓋住，這一目的就在於不要讓牠那好看的毛色或寬闊的臀部吸引住你的目光，而要你去注意那些真正最有用的器官 —— 腿、腳、眼睛等。

---

[044]　原文為拉丁語。

君王們相馬常常將馬蓋住，

以免頭俊腳軟之馬，

以牠華美的外表，

迷惑購馬的君王。[045]

—— 賀拉斯

然而，在對他人做出評價時，為何要將他嚴嚴實實地包裹起來？這樣，映入我們眼簾的，就只有他暴露在外的那部分特徵，但真正能夠作為評價依據和標準的唯一部分卻被遮掩住了。

一把劍的劍鞘再華麗精緻，若劍本身並不鋒利，那麼這把劍就算不上精良之作，你也不可能掏腰包把它買下來。看人不是看他的穿著打扮，而是看他本身。有位古人說過一句極為風趣幽默的話：「你為什麼覺得他的身材高大？不知道嗎？那是因為你把他的木屐也給算進去啦。」雕像的底座不能算在雕像之內。量人也不能連同高蹺一起量進去。讓他穿著乾淨的襯衫，把頭銜、財富、身分都丟擲一旁，然後再來。他的身體健康嗎？他是否靈活敏捷？他的體格是否符合他的職務？他的心靈呢？是不是美好？

---

[045] 原文為拉丁語。

人與人的差別

靈魂呢？是不是高尚？他具備那些優秀的品格嗎？他是依附於其他的什麼而顯得高貴，還是本身就高貴？在這之中，財富是否也占據一定的地位？當他面對突如其來的威脅和挑戰時，是否能從容應對？他是否視死如歸，無所謂老死善終或猝死暴斃？他始終鎮定沉著、堅持不懈嗎？他是否懂得知足？這些都是我們需要在意的事情，這也是人與人之間巨大差別的依據和評判標準。

> 他多麼明智，多麼自制，
> 貧困和壓迫被他踩在腳下，
> 他勇於控制情感，淡泊名利，
> 他不露聲色，又圓滑世故，
> 他像光潔的圓球向前滾動著，
> 他會逃脫命運的擺步，立於不敗之地嗎？[046]
>
> —— 賀拉斯

這樣的一個人，凌駕於任何王國之上：他本身就是一個王國，一個屬於他自己的王國。

---

[046] 原文為拉丁語。

我敢面向雙子座發誓，

哲人是自己命運的主宰者！[047]

— 普勞圖斯（Titus Maccius Plautus）

他還想祈求什麼呢？

難道我們看不到造化只要求我們有個健康無病的肉體，

有顆寧靜從容，無憂無慮享受人生的心靈？[048]

— 盧克萊修（Titus Lucretius Carus）

將我們那群人拿出來，和他進行一番較量吧。他們愚蠢無知，卑微低賤，總是搖擺不定，一切都聽從於別人，跟隨各種情感的衝擊而反覆動盪，這簡直是天壤之別啊。而我們自身卻早已建立起這種習慣性的盲目，很少會在意這些，甚至從沒在意過，然而，當我們注意那些帝王和平民，貴族和農民，官員和百姓，富人和窮人的時候，雖然說起話來沒有明顯的區別，但只要看一眼他們身上不同的穿著，就能輕易區分出他們的身分。色雷斯有個十分有意思的習俗：他們的百姓與君王之間必須要有極其嚴格的

---

[047]　原文為拉丁語。
[048]　原文為拉丁語。

區別。君王有一個專屬的信仰 —— 商神墨丘利（Mercurius），而臣民們則不允許信奉這個專屬於君王的上帝。臣民們所信奉的神人 —— 戰神瑪爾斯（Mars）、酒神巴克斯（Bacchus）、月神黛安娜（Diana），他又是對此不屑一顧的。

　　然而，這些並不能造成任何內涵上的差異，只是一種膚淺的表象罷了。

　　這就正如舞臺上的戲子們，我們看到他們在舞臺上扮演帝王、大公的角色，照樣也氣魄十足，但一下了舞臺，他們轉眼又變回了低微的身分 —— 卑賤的僕人與腳伕 —— 他們這才恢復了自己的本來面目。因此，那些在觀眾眼裡氣勢恢宏、排場隆重的國王將相，那些讓人眼花繚亂的光芒 ——

> 來自於他身上閃亮的巨大翡翠，
> 鑲嵌在黃金的托架上閃閃發光，
> 還有他身上那件鮮嫩欲滴的海藍色衣裳。[049]

　　　　　　　　　　　　　　　　—— 盧克萊修

---

[049] 原文為拉丁語。

請看看幕後真實的他吧——再也平凡不過的普通人，或許他的任意一個臣民都要比他高貴呢。「那一位內在溫暖，這一位只是表面幸福。」[050]

怯懦、猶豫、野心、憤怒、妒忌，他也同別人一樣意亂心煩：

因為，金銀財寶，執政官的侍從，

什麼都驅趕不了，

壓在他心頭的痛苦和不安；

—— 賀拉斯

即便身處軍隊之中，他也會被焦慮和擔憂扼住咽喉，

壓在心頭的擔憂與操心，

不怕叮噹的兵器、飛馳的箭矛，

它們膽敢待在君王、顯貴之中，

金銀財寶也誆騙不動。[051]

—— 盧克萊修

他跟我們不也沒什麼兩樣，照樣會發燒、中風、頭痛？等他年邁力衰之際，侍衛隊的弓箭手能讓他重返青春

---

[050]　塞內卡語，原文為拉丁語。
[051]　塞內卡語，原文為拉丁語。

嗎？等他被死亡的恐懼反覆折磨時，他的侍從能讓他安心嗎？等他心懷嫉妒、喪失理智之時，我們的敬禮致意能讓他寬心鎮定下來嗎？當他的腹部陣陣絞痛時，這鑲嵌著奢華珠寶的床榻能讓他的痛苦減輕嗎？

你認為，你的高燒會因為你那瑰麗的大紅毛毯和精緻的繡花床單，

就比你睡百姓樸素的床單要退得更快？[052]

—— 賀拉斯

有些人總是對亞歷山大大帝（Alexander the Great）阿諛奉承，非說他就是朱比特（Jupiter）之子。某一日他身體受傷，傷口處逐漸滲出了血液，他盯著傷口說道：「看，怎樣？難道我流的血不是鮮紅的、確確實實的人血嗎？這看起來可不像荷馬（Homer）口中神仙身上流淌著的血呀。」詩人赫爾莫多魯斯也曾為安提柯一世（Antigonus I Monoph-thalmus）寫過歌頌詩，在詩中將他稱為太陽之子，對此他說道：「服侍我起居的侍從們都清楚得很呢，就沒那麼回事。」他們僅僅只是人類而已。倘若他本就身分低賤、出身卑微，就算統御整個世界，他也不會因此就變得高貴了：

---

[052] 原文為拉丁語。

讓漂亮的女孩們追隨他而去吧，

讓嬌豔的玫瑰在他腳下盛放吧。[053]

—— 波西藹斯（Aulus Persius Flaccus）

若他愚昧無知、殘暴粗魯，他有什麼資格享受這
一切？

擁有才華和魄力，才能享受這所有的歡樂幸福：

人有多高的情操，這些就有多少的價值，

用得好就好，用得不好，那就糟糕。[054]

—— 泰倫提烏斯

無論財富攜帶多少好處，靈敏的感覺才能品嚐到它的
滋味。幸福，不在於擁有，而在於享受：

奢華的豪宅，無盡的黃金財富，

都無法治癒你身體的疾病，

褪不去你體內的高燒，除不了心間的困擾，

好身體，才有福享受。

恐懼缺憾長存心頭，家又有何用？

那是為眼疾者送上的畫，為痛風者貼的藥膏！

---

[053]　原文為拉丁語。
[054]　原文為拉丁語。

壺內本就不淨，將它裝滿，無異於空無一物！[055]

—— 賀拉斯

他像傻子一樣，分不清酸甜苦辣。他彷彿患了感冒，品嚐不了醇香的希臘美酒；又好似一匹駿馬，不懂欣賞奢華富麗的馬鞍。柏拉圖有句箴言：健康、美麗、力量、財富，一切美好的東西，對正常人而言都是美好的，對不正常的人來說則是惡劣的，反之亦然。

進一步來說，若身體糟糕，精神也壞透了，那麼再多的財富又有何用？身如針扎般痛楚，心中又滿是苦澀，哪還有統御世界的精力和興趣。一旦痛風開始折磨他的身心，皇帝之位又能怎樣？即便他擁有，

數不盡的黃金白銀。[056]

—— 提布盧斯（Tibullus）

他還能在此刻想起他的那座寶殿和那些權力威嚴？一旦他被什麼人惹惱，怒氣沖天，這位君王難道就不會氣得臉色發白、怒目以對，咬牙切齒像發瘋了一樣嗎？倘若他出身高貴，又極富涵養，君王的身分能為他增添分毫幸福嗎？

---

[055] 原文為拉丁語。
[056] 原文為拉丁語。

倘若你四肢健全，身體強壯，

王位也不能為你的幸福增添任何籌碼。[057]

—— 賀拉斯

　　是的，他懂得，那一切不過是雲淡風輕、不值得一提的事。或許他也同意國王塞勒科斯的話：真正懂得權杖之分量者，當權杖不幸落地，他只會對此不屑一顧。他在這裡提及的權杖，自然是指權力之下重大而艱巨的職責。不過，管好自己尚且都如此困難，何況還要管理其他的人。至於命令他人的權力，聽起來似乎是件美好的事情，能夠耀武揚威，但絕大多數人都缺乏足夠優秀的判斷力，面對思索不透的新事物時，難免就很難做出決策，我非常贊同這一種觀點：與帶領別人相比，跟隨別人要容易得多，也輕鬆愉快得多；走已有的路，只用管好自己，這無疑是一種最佳的精神放鬆。

　　因此，手握大權，治理國家，

不如從容鎮定地跟隨或服從。[058]

—— 盧克萊修

---

[057]　原文為拉丁語。
[058]　原文為拉丁語。

此外，居魯士還認為：一個比服從命令者還要弱的人，不具備發號施令的資格。

不過，在色諾芬（Xenophon）的記載中我們得知，國王希羅（Silo of Asturias）[059] 有這樣一句話：至於安然享樂，他們還不及普通百姓來得痛快。富足和慵懶將他們與常人能夠品嚐到的美味隔離開來。

美味吃得太多，胃也承受不了，

不顧一切愛得太瘋狂，人也會厭煩。[060]

—— 奧維德

人們通常會認為，唱詩班的那些孩子十分熱愛音樂，實際上，他們也會因為唱得太多而深感厭倦。那些華麗的晚宴、舞會、化裝舞會、比武大賽，不常參加的人、想看的人，他們自然樂意去看去參加；但時常參加的人看多了必然會覺得乏味、無聊。頻頻與女人交往的人，見到女人也很少再產生激情。總是隨身攜帶飲品解渴的人，自然感受不到喝水的樂趣。街頭藝術表演給路人帶來快樂，卻讓藝人們叫苦不迭，倍感辛苦。世界亦是如此，倘若君王們

---

[059] 希羅（Silo of Asturias），西西里島敘拉古之王。

[060] 原文為拉丁語。

偶爾脫下權力的外衣，喬裝成普通百姓體驗下層生活，這也不乏是件樂事，

> 轉換角色不失為君王貴族們的一大樂趣，
> 簡屋陋室，沒有掛壁紅毯，遠離金碧輝煌，
> 緊皺的眉頭也會漸漸舒展開來。[061]

—— 賀拉斯

就這一個「多」字，難免常常讓人厭煩和為難。土耳其的皇室深宮裡佳麗三百，任由皇帝隨意擺步，他還能有什麼興趣？先皇外出狩獵，必定跟隨七千弓箭手，這又是何種狩獵，這樣的打獵還能有什麼興致？

相反，這種大肆張揚的排場和氣勢，我認為，必定會使他們的安然享樂大打折扣：在眾目睽睽之下，如何能放下所有顧慮盡情遊樂？恐怕時時都得防止輿論風生水起吧。

不知為何，人們似乎都更情願君王們將自身的錯誤隱藏起來。因為某些錯誤若發生在我們身上，可以用失誤的字眼糊弄過去，但若是犯在他們身上，必定會被百姓冠以蔑視法律、專制蠻橫的名號。不僅要被他們如此中傷，似

---

[061] 原文為拉丁語。

乎更有可能會掀起一股反抗和踐踏律法的浪潮。

　　的確如此，在柏拉圖（Plato）的《高爾吉亞》一書中，他就將在城中胡作非為的人定義為專制獨裁者。出於這一原因，將他們的錯誤暴露出來告知天下，這就往往比錯誤本身更具殺傷力。人人都怕自己惹來非議，或遭受譴責，因為他的一舉一動時刻都處於人們的眼睛底下，百姓認為自己有權指指點點，也極有興趣去品評一番。再者，汙跡越顯眼，看起來就越嚴重；額頭上的疙瘩就比別處的傷疤更為明顯。詩人們之所以在描繪朱比特的愛情時總要將他換位喬裝一番，也正是出於這個原因，在講述他那眾多的風流韻事時，唯有一件事是將他置於主神之位來講的。

　　讓我們再回過頭來看看希羅國王。他曾經也表明，國王的身分讓他失去了多少自由和歡樂，讓他渾身充滿了不自在，像個囚徒一樣被關在宮中，每時每刻都跟隨著一大堆討厭的人。說句實話，我們那些君王，獨自就餐時，身邊還圍繞著一大群各式各樣的圍觀者，怎麼也讓我羨慕不起來，甚至對此倍感同情。

　　阿爾方斯國王聲稱，就這一點來講，毛驢都要比國王的處境好：毛驢至少擁有自由自在吃飯的權利，國王卻被

自己的臣僕層層環繞，一點自由都沒有。

　　我從不覺得一個健全的人需要二十個人來悉心照看，我並不認為他的生活會因此而更加舒服；我也從不認為，一個年金一萬法郎，進攻過卡扎爾，駐守過錫耶納的人，會選擇一整個服務機構而不是選擇一個經驗豐富的好僕人，很顯然，後者更合他意。

　　用名不副實來形容君王的特權，再恰當不過了。無論權勢大小，掌權者似乎都被稱為王。當年，凱薩就用「小國王」的名號稱呼法國所有具備司法權的領主。確實，除了這冠「陛下」的高帽，他們與國王之間似乎也相差無幾。比如在布列塔尼，這些遠離皇室的地域上，隱居於此的領主，隨從、管家、馬伕，各種司職各種禮儀應有盡有，所到之處無不前呼後擁；他有那麼豐富的想像力，還有人比他更像君王嗎？每每提及他的主公，彷彿在談論波斯國王一樣。而他之所以認可這位主公，不過是因為被隨從記錄在案的某種遠方親戚關係。說實話，我們的律法實在是比較寬鬆的，王權對一個貴族的影響一生也不會超過兩次。

　　真正能忠心效忠、俯首稱臣的人，只有那些背負他人之情並甘願以此換取名譽金錢的人。因為，一個人只要願

意深居簡出，不問世事，不惹事端，掌管好自己的家族，他就會擁有與威尼斯大公同樣的自由。「被奴隸身分約束的人沒有多少，多的是甘為奴隸的人。[062]」

不過，希羅尤其比較注重這一個事實：他知道真摯的友誼是人生最甜美的果實，可是他看見自己並不擁有這些。我給予某個人的一切權利和成就，無論他是否願意，我通通賜予他，我是否能因此期盼他給予我美好的友誼呢？我是否能因為他對我的敬重，就在意他對我那恭敬的態度與和善的語言？對我心存畏懼的人所表露出的敬重，不能算作敬重；因為他敬重的是我的權勢地位，並非我這個人：

> 統治者獲得的最大好處是，
>
> 百姓一邊對你忍氣吞聲，
>
> 一邊還得對你大加稱頌。[063]

—— 塞內卡

我所看到的事實就是，所有昏庸或明智的君王，無論是被人憎恨還是備受愛戴，都得到一致的讚頌聲。不論是

---

[062]　原文為拉丁語。

[063]　原文為拉丁語。

我的前任還是我的繼承者，都會得到同等對待，享受同一種虛偽的敬重和假面的禮節。臣民並不對我惡語中傷，這並不意味著我就備受愛戴：他們是出於不得而為，那我又如何能將此看作愛戴？我的跟隨者並不是出於與我有什麼深厚的友誼：我們之間只限於泛泛之交，何談什麼友情？

我的身分地位讓我很難獲得別人的友誼：差異太大了，無法交往。他們對我的追隨僅僅是一種習慣，或是屈服於權力不得已而為之，說追隨我，不如說追隨我的財富聲望，藉以增加他們自己的價值。他們向我展示出的一切，所作、所為、所言，都是虛假的表象。我的威嚴時時刻刻限制他們的自由和權利，所以我眼中的一切都只是被遮蓋住的假象。

某一日，朝臣們稱頌皇帝朱里安公正賢明，對此他卻說道：「倘若這番話，是那些當我行為不公時敢於指責我的人說出來的，我想我會發自內心地感到自豪。」

君王能夠享有的一切權利和優越之處，實際上與凡人別無兩樣（騎飛馬、吃神饌仙餚那是神仙才有的福氣）。他們也一樣睏了要睡覺，餓了要吃飯；他們佩帶的刀劍也不比我們的堅韌多少；他們頭頂的皇冠還不如我們的斗篷既遮陽又擋雨。當然，我們也不乏備受愛戴又十分幸運的

君王 —— 戴克里先（Diocletian）[064] 皇帝，但他卻扔下王冠，追隨享樂而去。之後，他接到重返王位的邀請，臣民們紛紛表示國家需要他的治理，對此他說道：「你們真應該親眼見見，我栽下一大片整齊的樹林，我種出種種香甜可口的瓜果，若你們品嚐到我的果實，你們定不會再勸我了。」

阿那卡齊斯[065] 指出，最好的治國之道，在於推崇善行，摒棄惡行，其他所有一律同等對待，不分輕重主次。

皮洛斯國王（Pyrrhus）的謀士居奈斯極為高明，當他得知國王有意進攻義大利，他便刻意讓國王感知這一宏偉計劃所隱藏的虛榮心，便問國王：尊貴的陛下，您此次宏偉計劃有何目的？國王回答說，讓義大利為我主宰。—— 那接下來呢？居奈斯又問。—— 接著進攻高盧和西班牙，那一位說道。—— 那麼，再然後呢？—— 主宰整個非洲，等我主宰了整個世界，我就放手休息去，去享受天倫之樂，過自由自在的日子。—— 那麼，尊貴的陛下，看在上帝的分上，請您告訴我，您為什麼不現在就踏出這一步呢？您為什麼不以當下為出發點，直接去實現您的夢

---

[064] 戴克里先（Diocletian，245-313），古羅馬皇帝。

[065] 阿那卡齊斯（前 4 世紀），古希臘哲學家。

想，去往您的休憩之方呢？這樣也讓您免遭這一路上數不盡的辛苦與危險呀。

> 他看不清慾望應有的界限，
> 不懂得真正的快樂止於何處。[066]

—— 盧克萊修

現在，我將以一句古詩作為這一章節的結束語，因為對於這一問題，我認為沒有比它更合適的解釋了：「每個人的性格決定了每個人的命運。」[067]

---

[066] 原文為拉丁語。
[067] 科內利尤斯語，原文為拉丁語。

人與人的差別

欺騙

實際上，欺騙應是一種被詛咒的罪惡。

我是最不適合談論記憶力這件事情的。我甚至並不認為，這世界上還有誰比我的記憶力更差。我有許多庸俗且卑劣的品性，但記憶力之差，我想自己的確是絕無僅有，鳳毛麟角。我身上似乎沒有一絲一毫的痕跡表明我有好的記性，我應該因此而聲名大噪才是。

雖然我生來記憶力就這麼不好 —— 鑑於記憶力的重要性，連柏拉圖都稱它為偉大而有權勢的女神 —— 不過，在我自小生活的家鄉，倘若說一個人不聰慧，那就表示他沒有一點記性。因此，當我時常埋怨自己記性不好時，身邊的人就會不相信我，甚至責備我，彷彿我承認自己是愚蠢的人一樣。人們好像從不覺得智慧和記憶力是截然不同的兩回事，於是我的處境就更加糟糕了。他們的指責已經對我造成了傷害，實際上，經驗告訴我們，事實是恰好相反的，優秀的記憶力和低弱的判斷力之間有著必然的連繫。在此同時，他們團結起來指責我的不是，只能說

明他們自己本身無情無義，而我向來都是誠懇待人，因
此，他們這樣做也就對我造成了更直接的傷害。從攻擊我
的記性不好牽扯到我的情感，把一個人天生的缺陷說成是
良心上的問題。人們總說我從不記得和朋友說過的話，應
該要做的事，忘記他們的各種請求和我所許下的承諾，甚
至有時見面都會記不起他們。是的，我承認，我很健忘，
但是刻意疏忽朋友交代的事情，我是從來不做的。大家可
以認為這是我的不是，但這並不代表可以把它誇大成惡
意 —— 一種並不是我真正意識的作為。

　　基於這是一個無法改變的事實，我總是這麼安慰自
己，我從這個缺點中得到的主要好處，就是有利於克服一
個更糟糕，且更容易在我身上發生的缺點 —— 野心，因
為記憶力不好，對於一個操勞公眾事務談判的人來說，
這個缺點實在是難以忍受。而大自然先前發展的許多例子
說明，隨著記憶力的減退，其他能力自然會得到加強。假
設有記憶力好的優點，那麼別人的獨特思想和意見就會常
駐在我的腦海裡，我的思想和判斷力就會輕易步入別人的
後塵，自己的力量也就無法壯大了。或者，因為記憶力不
好，講話只會更加簡短精鍊。

　　介於記憶庫通常比想像庫的備貨充足，倘若我有一個

好記性，那麼我的朋友一定會因為我的滔滔不絕而四下逃竄了，因為那些能使我激動並引發思緒的話題，必定會喚醒我支配和處理的能力，於是我便開始激烈的長篇大論。這是多麼不幸的一件事啊！我在這方面深有體會，幾個深交的朋友都為我驗證了這一點：記憶力為他們提供事情的全部詳細過程，於是他們總想照顧到每一個細節，故事自然就會有所拉長，即便這個故事本身是特別有趣的，也會因此變得枯燥無味；可是一旦故事不精彩，那你也會埋怨他們的記性不好，或者懷疑他們的判斷力。一旦開始一段故事，試圖中斷或貿然結束都是非常困難的事。好比一匹正在疾速飛奔的快馬，牠若能乾脆俐落地停住腳步，這就相當不可思議了。即使是一些講話特別有條理的人，也會有一開口便欲罷不能的情形。他們總在找一個合適的點停下來，卻同時又繼續嘮叨，像一位虛弱得就要暈倒的人。這樣的情況在老年人身上更是體現得淋漓盡致，他們記得活著這麼多年的許多事，卻總是忘了自己已經講過了多少多少遍。我曾遇到過故事本身是特別有趣的，可是經過一個紳士的敘述，就完全失去了精彩點，因為在座的聽眾已被灌輸上百次了。

　　我為我記憶力不好感到欣慰的第二個原因就是，事實

正如一位古人所說，我並不大記得別人得罪過我，像波斯國王大流士（Darius the Great）一樣，我得找一個人在旁邊時刻提醒著我，為了記住雅典人的侮辱，他下令在每一餐開飯之前，都得派一名年輕的侍從在他耳旁反覆說上三遍：「陛下，千萬要記住雅典人啊！」還有，不管是故地重遊還是舊書重讀，我總會有種無比清新的感覺。

許多人告誡我，記憶力不好就千萬別嘗試騙人了，這句話非常有道理。我知道得很清楚，語言學家把「講假話」和「欺騙」區分得非常清楚。他們明確指出，「講假話」是把本身不真實的事情，說成真的；而法文裡的「欺騙」一詞則來自拉丁文，其定義包含了「昧著良心」的意思。因此，欺騙是指那些言語和內心不一致的人。我所說的也是這種人。他們要麼純粹捏造事情，要麼隱瞞或者篡改事情本質。如果要他們總是重複同一個故事，他們肯定會侷促不安，露出馬腳是必然的。因為事情真相是第一個進入記憶的，並會留下深刻的印記，它在進入我們的思想時，通常會排除虛構的錯誤觀念。

錯誤很難站住腳跟，是不可能根深柢固的，而最初的記憶已經存在於我們的頭腦中，它無法忘記那些後來植入的錯誤或虛構思想。在他們徹頭徹尾編造的謊言裡，由於

沒有任何痕跡說明這是欺騙，所以他們似乎覺得無須感到害怕。然而，正是因為它是編造的，沒有一點真實性，在內心是無法令人把握住的，那麼往往連我們自己都會遺忘。我就時常遇到這樣的人。不過，有趣的是，這樣的話語總能取悅我們的上司。人們總想把諾言和良心依照形勢的走向和需要去發展，可是事情總在不斷變動，因此，他們所說的話必須有許多版本。可能同一件事物，他們有時說是灰色，有時又是黃色；對這個人是這個說法，換成另一個人又是那種說法。

如果這些人都因為某些原因聚集在一起，並各自說出自己的故事，那這種騙人伎倆的後果會是怎樣呢？他們除了會陷入無比尷尬的境地之外，還要記住對不同人說的不同事的整個概述，這是要記憶力多好的人才能做到啊！我發現，許多現代人都特別期望自己在社會上擁有一個謹慎的頭銜，可是他們沒想到，聲名在外，實在是難符真相。

實際上，欺騙應該是一種被詛咒的罪惡。人與人之間之所以能夠互相連繫，很大一部分原因在於我們有說話的能力。如若我們知道這種罪惡的後果，我們就必須比對付其他任何罪惡更毫不留情地來對付它。在生活中我發現，大人們往往會因為小孩所做的一些微不足道的事情，不分

場合地懲罰他們；因為他們欠缺考慮，可是並不會對事情造成任何皮毛損害的行為折磨他們。在我看來，欺騙和執迷不悟，這才是我們應該時刻提防的。這兩種缺點會和孩子們一塊成長。一旦你接觸了謊言，要改掉這個毛病就會非常困難了。即使你之前是多麼正直的人，只要開口說了第一句謊言，你就別想再擺脫了。我認識一個很專業的裁縫師，可是我沒有聽他講過一句真話，即便真話能為他帶來好處，他也從來不說。

倘若真理和欺騙都只有同一副面孔，我們甚至可以與它們和平相處；因為我們只需要毫不懷疑地把撒謊者的話反過來理解就好。只是，謊言的面孔有成千上萬副，我們根本無法辨認。

畢達哥拉斯派 [068] 的人認為，善是確定、清晰且有限的，而惡則是模糊不定、無限的。抵達目標的路只有唯一一條，可是偏離目標的路則不計其數。只是，倘若一個明顯且極端的危險需要我用道貌岸然的謊言來避免，我也無法肯定自己是否可以不說謊。

從前有一位神父說過，寧可和一條忠實的狗相伴一

---

[068] 畢達哥拉斯派為古希臘哲學家畢達哥拉斯所創立的學派。產生於西元前 6 世紀，其影響直到文藝復興時期仍未消失。

生，也不願與一個沒有任何共同話語的人相處。「因此，陌生人經常不被人當成人相待。」[069] 由此可見，欺騙的語言比靜默更要將人拒之門外！

法蘭索瓦一世（Francis I of France）[070] 時常吹噓自己所謂的豐功偉績，即他曾把米蘭公爵的使者弗朗西斯克・塔韋納 —— 這個能說會道的人反駁得啞口無言，窮途末路。而事實上，塔韋納是為了彌補一件後果嚴重的事，代其主子米蘭公爵前來向法國國王真誠道歉，並懇請原諒的。事情的原委是：當時國王被逐出義大利時，內心仍舊希望與義大利，甚至與米蘭公爵領地繼續維持和平友好的關係，於是他想到一個方法，即在公爵身邊安插一名親信，表面上是與普通人無異，讓人認為他只是在處理個人私事，而實質上他則身負大使的職責。因米蘭公爵法蘭索瓦・斯福扎與查理五世皇帝（Karl V）[071] 侄女、丹麥國王的女兒、洛林的遺產繼承人商談婚事，這不能不讓人看到，他與我們的連繫和交往必然會給他帶來很大損失。於

---

[069]　原文為拉丁語。
[070]　法蘭索瓦一世（Francis I of France，1494-1547），法國瓦羅亞王朝國王（1515-1547），曾與查理一世爭奪神聖羅馬帝國皇位，慘遭失敗。後又為爭奪義大利領土，與查理一世進行四次戰爭，均以失敗告終。
[071]　查理五世（Karl V，1500-1558），神聖羅馬帝國皇帝（1520-1556）。

是，法國國王挑選了一位尤其適合此位的人選，他就是王家馬廄總管──米蘭人梅維伊。表面上他是來處理私人事務，實際他帶著祕密國書和用來掩護身分的公爵引薦信來到了公爵身邊，並且待了很長一段時間，直到皇帝最後得到了風聲，而結果則不難猜想：公爵刻意安排了謀殺的假象掩人耳目，自己深夜潛入使者住處並將其殺害，案子就這樣在短短兩天內匆匆了結了。法國國王不明所以，於是發函給所有基督徒國王和米蘭公爵本人以詢問事件的真實緣由，當然，弗朗西斯克・塔韋納早已把一份與真相大相逕庭的長篇推理準備妥當。在國王主持早朝期間，他當堂講述了許多令人無法不信服的依據，以此證明使者確實是遭人暗殺。他說，這位使者從來都只被主人當作是前來米蘭處理私事的紳士，而且他也沒有任何其他可疑的身分；米蘭公爵還認為他可能根本就不認識國王，更別說為國王做任何事情了。因此，他就是一個普通人，並不是什麼使者。與此同時，法蘭索瓦一世提出他的疑問和異議，從各個方面來逼迫他，最後提到是不是他夜間偷偷將法國使者處決。此時，弗朗西斯克已變得侷促不安，只好坦白回答，出於對國王的一種尊敬，認為在白天實施極刑是萬萬不妥的。我們可以想像一下，在法國國王敏銳的目光下

無法自圓其說，他該是多麼狼狽不堪，將會受到多麼嚴厲的懲罰啊！

　　儒略二世教宗（Pope Julius II）派去了一名使者給英國國王，目的只是煽動國王反對法蘭索瓦一世[072]。大使向國王陳述了他所肩負的任務，英國國王在回答他時著重強調說，攻打一個勢力如此強大的國家，之前必做的準備工作必定極其困難，並為此找了各種各樣的藉口。使者接著告訴英王，說他所提出的這些問題自己也想過，並和教宗共同商討過。大使的這個回答徹底讓英王堅定了自己的觀點，使者原本的任務是儘快發動戰爭，結果卻南轅北轍，還讓英王發現了蛛絲馬跡，實際上使者本身是偏袒於法國國王的。於是英王把這一事實報告給教宗，結果使者的全部財產都被罰充公，還差點性命難保。

---

[072]　應為路易十二（Louis XII）。

欺騙

恐懼

　　恐懼時常會扼住一群人的靈魂；恐懼有時也會給我們的雙腳插上翅膀；恐懼時常還隱藏著一種極大的爆發力。所以，恐懼的威力是任何其他情感都無法比擬的。

　　我心驚膽跳，毛骨悚然，
　　一時間啞口無言。[073]

—— 維吉爾

　　我並非同人們所想的那般，是一名研究人性的專家，至於恐懼的來源我也所知甚少。但是，這種情感的確很微妙。據醫生所言，最能讓我們驚慌失措的情感正是恐懼。事實的確如此，我曾親眼看見過，恐懼讓眾多人變得魂不守舍，即使是最鎮定自若的人，在恐懼的襲擊下也會變得失魂落魄。在此我不提及那些世俗之人，他們所恐懼的對象，不外乎就是害怕遇見幽靈鬼魂，害怕逝者從安息的墓穴中裹著一身白布爬出來。我們通常認為士兵是最大膽的，但是他們也難免遭受恐懼的襲擊和迫害，以至將羊群

---

[073]　原文為拉丁語。

當作披著盔甲的騎兵，將蘆葦竹葉當作手持長矛的騎士，將友人當作對手，將白十字架看成紅十字架。

在德‧波旁先生（Charles III, Duke of Bourbon）[074] 入侵羅馬時，聖皮埃爾鎮的一位守衛旗兵，一聽見警報響起就嚇得魂飛魄散，扛著軍旗拔腿就跑，直直地從倒塌的牆洞向城外敵方隊伍奔去，而他還以為自己在往城內躲呢；波旁一看，以為城內的人前來宣戰，於是立刻擺好陣勢，隨時準備還擊；那跑得迷糊的旗兵一見這陣勢，恍然大悟自己跑錯了方向，遂想掉頭原路鑽回去；但他從那倒塌的牆洞中已經一路狂奔出三百多步了。在比爾伯爵和迪勒先生攻克我們的聖波爾鎮時，同樣遭受此番厄運：他們個個都聞風喪膽，紛紛從碉堡裡跳出來四下逃竄，結果被入侵者一網打盡。這一場圍攻中，還有一件十分值得紀念的事故：有一位被嚇得魂飛魄散的貴族，在逃命的過程中暴斃，而他渾身無一處受傷，純粹是被嚇死的。

恐懼時常會掐住一群人的靈魂。在德國和日耳曼庫斯（Germanicus）[075] 的一場戰役中，雙方大隊都被恐懼掐住

---

[074] 德‧波旁先生（Charles III, Duke of Bourbon，1490-1527）為第八位波旁公
爵，1514 年成為法國陸軍元帥，後投靠神聖羅馬帝國皇帝查理五世，1527
年圍攻羅馬時身亡。

[075] 日耳曼庫斯（Germanicus，前 15-19），古羅馬將軍。真名為尤利烏斯‧凱薩

了喉嚨，紛紛丟盔棄甲，背向而逃，而一方的出發地也是另一方正要逃離的地方。

恐懼有時也會給我們的雙腳插上翅膀，像上面那些狂奔不已的逃兵一樣；有時也會將我們的雙腳死死釘在地上，讓我們半步也無法挪動。例如狄奧斐盧斯（Theophilos）[076]皇帝。在狄奧斐盧斯和亞加雷納人[077]的一次作戰中，他沒有預料到自己竟然會打敗仗，在極度的震驚下變得渾身僵硬，目瞪口呆地立在原地，都忘記要逃命了：「恐懼得連逃跑都忘記了！」[078]後來他手下的一位將領拚命搖晃他，對他喊道：「您若是不隨我離開，我就立刻殺死您；我寧願讓您犧牲，也絕不會眼睜睜地看著您被俘虜，以致帝國覆滅。」他這才彷彿從沉睡之中驚醒過來。

恐懼時常還掩藏著一種極大的爆發力。它讓我們誓死捍衛家園的勇氣、維護榮譽和尊嚴的決心通通喪盡，又使我們重新變得毫不畏懼，以此來維護它的利益，彰顯出它最後一點的威嚴。在羅馬由桑普羅尼奧斯[079]執政期間，與

　　 (Germanicus Julius Caesar)。被奧古都皇帝派去鎮守萊茵河邊境，他對德國的勝利使他獲得日耳曼庫斯（日耳曼人）的綽號。

[076] 狄奧斐盧斯（Theophilos，? -842），東羅馬帝國皇帝（829-842 年在位）。

[077] 亞加雷納人為阿拉伯人，是亞伯拉罕和女僕亞加爾之子的後裔。

[078] 原文為拉丁語。昆圖斯 - 庫提尤斯語。

[079] 桑普羅尼奧斯是古羅馬政治家，西元前 218 年為古羅馬執政官，在第二次布

漢尼拔（Hannibal）[080] 的第一次正面交鋒眼看即將戰敗，數萬名步兵完全亂了陣腳，驚慌中不知往何處逃命，索性在敵軍的隊伍中拚死一搏，結果反倒成功地殺出一條活路來，把迦太基 [081] 人打得落花流水，徹底沖刷了逃命的屈辱，贏得了殊死一戰後的光榮勝利。這種恐懼是最令我害怕的。

所以，恐懼的威力是任何其他情感都無法比擬的。龐貝（Pompey）的朋友們曾在他的船艦上親眼看見一場慘絕人寰的大屠殺，難道還有什麼情感比這種場景下的痛苦更強烈、更真實嗎？然而，當他們看見越來越靠近的埃及帆船時，頓時嚇得完全將痛苦拋諸腦後，只顧著催促船員趕緊划船逃命，等到了推羅[082]，確保安全之後才鎮定下來，而後突然回想起方才的一幕，頓時無法抑制地哀號在地，痛哭不已。之前，他們的哀傷和淚水正是被那威力更大的情感 —— 恐懼壓抑住了。

匿戰爭中曾失敗，後在迦太基取得幾次勝利。

[080] 漢尼拔（Hannibal，前 247- 前 183），迦太基統帥。西元前 218 年春，率軍遠征義大利，實為第二次布匿戰爭之始。

[081] 迦太基是非洲北部（今突尼斯）的奴隸制國家。西元前 3 世紀開始與羅馬爭奪地中海西部霸權，從而導致三次布匿戰爭（前 264- 前 146），迦太基失敗，淪為羅馬一行省。

[082] 推羅是古代腓尼基南部奴隸制城邦，即今黎巴嫩的蘇爾。

那時，我心中的全部勇氣
都被恐懼一手捲走。[083]

—— 西塞羅（Marcus Cicero）

許多在戰場上受傷流血的士兵，即使渾身是傷，次日也依舊被送回戰場上繼續作戰。然而，那些心存恐懼之人，那些在想像中將敵人塑造成十分可怕的形象的人，他們可不宜再被送回到敵人面前。那些整日憂心忡忡的守財奴、殖民地上的人或被放逐的人，他們總是寢食難安、坐臥不寧，相比之下，那些流浪者、窮苦農民卻生活得十分自由，和他人一樣快樂。最後我們得知，恐懼這種情感比死亡還要痛苦難熬，事實已經證實了這一點：因無法忍受恐懼的煎熬而投河自盡、上吊、跳崖、自尋短見的人比比皆是。

在希臘人的觀念裡，並非所有的恐懼都由理性失誤所致，還有一種恐懼沒有明確的緣由，它是源於上天的衝動和懲罰。這種恐懼可以俘虜整支隊伍，甚至整個民族和國度。迦太基就曾被這種恐懼侵襲，以致整個國家都陷入一種極端的恐慌中，四處都充斥著恐怖的尖叫。上空似乎

---

[083]　原文為拉丁語。

恐懼

響起了警報，人們紛紛從家中跑出來，互相毆打，殘害對方，混亂地廝殺成一團，彷彿他們的家園就要淪陷為敵人的領地了。一片嘈雜混亂的天地。最後，上帝的憤怒在祈禱和獻祭中漸漸平息。這被希臘人稱為潘（Pan）[084] 引發的驚恐。

---

[084] 潘為希臘神話中的山林神，身體是人，腳和腿是羊，頭上有角，住在山林中保護牧人。但它突然出現時會引起人們極大恐慌。因此，潘引起的驚懼指集體突然而強烈的驚懼。

節制

我們只可以適度明智，而不可以過分明智。

世間很多美好的東西一經我們的手觸碰過，就會變得特別醜陋，似乎我們的手指尖總帶有某種邪氣。如若我們懷著過分熱切的慾望將品德收入囊中，那麼結果只會使它在我們的口袋中變成種種惡行。有人這麼言傳過，倘若德行過了頭，它也就不算德行了，真正的德行，總是恰如其分的。他們總會不屑於這樣的話：

一旦行善積德過了頭，凡人就會變成瘋子，君子也被稱作小人。[085]

—— 賀拉斯

這句話哲理十分微妙。無論是真善還是行義，都不可能完全掌控，真善也可過度，行義也會過頭。正如一句聖徒之言：「我們只可以適度明智，而不可以過分明智。」

我遇見過一位特別有名氣的大人物，本想在同輩中彰顯自己更加誠懇，卻不料在此過程中損害了自己所信仰的

---

[085] 原文為拉丁語。

宗教的聲譽。我喜歡與溫和公允的人交往。我真不知道該如何定義那些只注重表面行善的行為，即使稱不上厭惡，起碼是會令我無比驚訝的。在我看來，不管是獨裁者波斯圖繆斯，還是波薩尼亞斯（Pausanias）[086] 的母親，都是非正常的秉公行義，只會讓我摸不著頭腦。波斯圖繆斯的兒子仗著自己年輕氣盛，就膽大妄為地攻擊敵軍，最終落得被親生父親處斬的下場；而這位母親所做的第一個決定，也就是秉公行事，殺死自己的親生兒子。我想，我是不願意效仿或提倡這種行為的，既殘暴野蠻，又得付出高昂的代價。

有兩種情況都稱不上命中，一是指脫靶的射手，二就是射不中箭靶的射手。我們會感覺眼冒金光，什麼都看不清，這就相當於你眼前突然迎來一道強光，或者你在一瞬間進入黑暗。我們可以從柏拉圖的對話集裡找到加里克萊的這樣一段話：過分的浮誇不會給我們帶來任何好處，我們應當勸誡世人不可迷信超脫，而就此越過利弊之間的分界點。如若你可以掌握超脫的分寸，自然會贏得他人的喜歡，而一旦你沉溺其中，就會至此染上惡習怪癖，不合群不勞作，藐視宗教法律，甚至排斥一切人間喜樂，無法打

---

[086]　波薩尼亞斯（Pausanias，? - 前 470），西元前 479 年任斯巴達將領。

理生活，更談不上幫助別人了，只會遭受人們的指責和怒罵。我認為這段話說得很有道理，因為，能夠捆綁我們天性中的坦然，就是過分的超脫，它總是以猙獰醜陋的面孔出現在我們面前，阻礙我們的視線，以致我們常常被矇蔽雙眼，看不見前方的康莊大道。

丈夫寵愛妻子是理所當然的事，可是，神學卻要對此加以束縛和節制。在我的印象中，彷彿看過聖‧多馬（Thomas the Apostle）[087] 著作中有這樣一條主要理由來譴責近親結婚：倘若你持續這種對妻子的過分寵溺，那只會得到危險的後果。因為丈夫的愛已經抵達頂峰，可還需要再添加一份親情，毫無疑問，這份過重的情感只會讓丈夫難以保持應有的理智。

男子的道德底線全由神學和哲學來看管和規範。所做的一切事情都必須經由它來審定評判。只有無所作為、稚嫩無知的人，才會對神學和哲學肆意批判。女人們無法自然地講出自己是如何照顧丈夫的，卻可以很坦然地詳述自己是如何與男孩子嬉戲玩鬧的。因此，我要告誡那些對自己妻子無比眷戀的丈夫幾句話：倘若你對妻子的肉體繼續不加節制地迷戀，你以此獲得的樂趣是上帝所不認同的；

---

[087] 聖‧多馬（Thomas the Apostle，1227-1274），義大利神學家兼哲學家。

人們只會變本加厲，做出更多有違常理的事，譬如縱慾過度、放蕩不羈等。就這一點而言，男子們由於自身需求而做出衝動輕浮的舉止，不僅有損自己的身分，還會給妻子帶來不利。我期望她們心裡清楚什麼是恬不知恥，起碼不應是自己的丈夫。她們從不會拒絕男子的任何要求。而我在這件事情上，則一直保持自然且簡單的態度。

　　兩個人結合，步入婚姻的殿堂，這是多麼嚴肅虔誠的事情。這也充分說明了，為何婚姻給我們帶來的樂趣是不該得以放縱的，而應是端莊穩重、簡單自然的。通常我們所說的婚姻的目的在於培育下一代，很多人都對此有所質疑：倘若我們並不打算生兒育女，倘若我的妻子已過生育年齡或者已經懷孕，那麼我們是否還可以要求她們？柏拉圖就把此等做法概括為行凶殺人。每個地方都有各自的習俗和規定，像穆斯林就極其憎恨與懷孕的妻子同房的行為，還有許多民族的人也不贊同與經期中的女子同房。我想到一個非常值得人們稱頌的婚姻典範——芝諾比婭（Zenobia）[088]，她願意結婚純粹只是為了生兒育女，達到目標後她任由自己的丈夫在外拈花惹草，只要他記得在下一次同房的時間出現就好。

---

[088] 芝諾比婭，亞美尼亞王的女兒。

現在我要講的是柏拉圖借用一個毫無家底、色中餓鬼般的詩人的故事：某一天，天神朱比特按捺不住自己的興奮，還沒等妻子上床就將她撲倒在地；享受的快感使他完全忘記了之前他在天宮與其他眾神一起作出的重大決定，不僅如此，他甚至還驕傲地炫耀自己做得多麼出色，簡直同他以前背著女方父母初次與她媾合時一樣痛快。

　　通常在出席晚宴時，波斯的國王們都會叫他們的後宮佳麗陪同，不過，當他們已經產生濃厚興致，決定不醉不歸時，就會先派人將他們的后妃們送回宮中，這樣做的原因，只是害怕她們看見自己爛醉如泥的醜態。但是同時，他們又會叫上身分低賤的其他女人來陪酒作樂。

　　恩賜不可能人人都有份，樂趣同樣如此。伊巴密濃達曾經逮捕過一名流浪男子，而佩洛皮達斯（Pelopias）[089]試圖請求伊巴密濃達，要求看在他的分上放過這個男子，最終卻遭到了拒絕，他把這份面子賣給了同佩洛皮達斯有一樣請求的一位少女，並揚言這份殊榮是賜給朋友而非功臣的。

　　索福克里斯（Sophocles）在陪伴軍政長官署裡的伯里克里斯（Pericles）時，碰巧看到窗外有一位英俊的青年路

---

[089]　佩洛皮達斯（Pelopias，? - 前364），古希臘底比斯的將軍兼政治家。

過。他情不自禁地對伯里克利斯喊道:「你快看哪!多麼俊俏漂亮的小夥子啊!」而伯里克里斯回答說:「或許在別人眼裡,說這樣的話沒有什麼,可是放在軍政長官身上卻極為不妥。因為他不僅要保持雙手潔淨無染,雙眼也必須保持無邪。」

羅馬皇帝埃利烏斯·維魯斯常常遭到皇后的抱怨,說他成天只會尋花問柳。他這麼回答:婚姻本身就代表著虔誠與崇高,並不是一味地胡作非為,他那樣做是出自真心誠意的。在以前,編寫經文的作者們十分崇敬一位因為無法忍受丈夫出軌而毅然離去的妻子。總而言之,在人們的觀念裡,一旦做出超越道德底線的行為,就該受到人們的指責和怒罵。

實際上,人是世間最可悲的動物了。有些思想是天生的,人們總是無法滿足於從始至終只享受單一的樂趣,更何況他還會想盡一切辦法將它磨滅耗損。人本身是特別高尚的,只要你不特意將自己弄得十足可悲。

我們在人為地將我們的命運弄得更悲慘。

—— 普羅佩斯 [090]

---

[090] 普羅佩斯(前 47-15),古羅馬詩人。引文原文為拉丁語。

我們應該享受的樂趣，總是會被自己時而愚笨時而創新的智慧沖淡和磨滅。在此同時，它還會製造某種美妙而又令人興奮的假象，使我們無法辨認真偽，想盡手段掩飾醜惡或對其美化。倘若讓我做首領的話，我就會採取其他更簡單自然的方法，說實話，那是相當神聖的，甚至可能會讓我有足夠強大的力量收服這種智慧。

　　曾經為人們治療心理問題的那些醫生，都會經過一番漫長而又複雜的研究，他們已經找不到除了體罰、折磨還有痛苦之外的其他藥物或可行辦法了，不過他們還是會繼續引進更多製造痛苦的手段；一切可以做得理所應當，而與此同時，其行為又是那麼令人恐懼，譬如禁止進食、剝奪睡眠、創造痛苦、壓迫放逐、長期囚禁、笞杖等各種惡劣行為。我祈求別再發生那個叫加里奧的人所承受的那種痛苦了。他先是被流放到萊斯博斯島。而後，羅馬收到通知說他在島上過得異常安逸，似乎這樣的懲罰變成了他的享受。於是，他們又即刻改變主意，立即將他召回，把他關閉在家中，讓他只能與自己的妻子接觸，目的就是實現懲罰，叫他痛苦而已。做這些事情，都是為了讓挨餓的人們能夠更加身強體壯，已經可以享用魚肉美味的人，不給他飯吃，或者只給魚吃已經無法產生任何作用了。同

一個道理，在另一種醫學理論裡，那些已經不會抗拒藥品的人，藥劑對他的病情就無法發揮任何有利作用了。難以下嚥是促使藥劑實現功能的最初條件。如果讓已經可以熟練操作大黃的土著使用大黃，那會是多麼浪費啊！胃痛就得依靠胃藥來治療。我們可以用非常普遍的一條規律來概括：以毒才能攻毒，任何食物都有它的剋星。

　　古代也曾有過類似的記載。當時，人們預想用殺戮和屠殺來祭拜天地眾神。這是非常普遍的做法，在宗教世界裡尤其受歡迎。遠在我們祖先生活的年代，阿穆拉[091]攻占希臘科林斯城時，就曾殘忍地殺害六百名希臘青年，目的只是讓這些青年的屍體充當死者贖罪的祭品，以此祭奠其父的亡靈。現在探索家們所發現的新大陸，跟我們已經利用的舊陸地相比，仍舊是一張純潔無瑕的白紙。在那裡，這樣的做法非常盛行。有許多危言聳聽的傳言：他們的崇拜者一併都曾經浸透人血。他們不僅將人活活燒死，甚至還會在燒的過程中又將他們解剖，在大火中取腸挖肺。更多的人包括婦女，都會被他們活剝，血淋淋的人皮就當作他們製作衣服的布料，或是為人們製作面具。其中並非全都是卑躬屈膝的人，那些已經生兒育女的長輩或是懂事的

---

[091]　阿穆拉，土耳其古代的一位蘇丹。

兒童，都會特別要求他們先奉獻犧牲，並還要一邊歡快地跳著舞唱著歌，一邊奔往屠宰場。費爾南德‧科爾泰[092]就曾聽墨西哥國王的使臣們說過他們是如何誇獎國王的偉大，他所擁有的三十位封臣，又是如何可以獨自召集十萬名步兵；他所居住的宮殿，又是世界上最奢華、最堅不可摧的；每年他都會向中西安門提供五萬人作為供奉。這一點是事實，他們向個別強大的鄰國挑釁，不僅僅只是為了鍛鍊其士兵，其最主要的目的還是給戰俘提供犧牲的機會。除此之外，還有一個城鎮，他們只是為了迎接上述所說的科爾泰，就毫不猶豫地屠殺五十個人。更誇張的是，被他擊敗的很多民族，戰後都會向他表示感謝甚至祈求同盟。使者們給他帶來三件貢品，說道：「崇高的主啊，倘若你是嗜血食肉的殘暴天主，那麼這裡有五名奴僕，請你吃掉他們吧，之後我會源源不斷地向您供奉；倘若你是宅心仁厚的天神，那麼請你收下我們的乳香和羽毛；若你是普通常人，就請收下我們的果品與鳥兒。」

---

[092] 費爾南德‧科爾泰，16 世紀西班牙征服者，曾參與征服古巴、墨西哥等地。

 節制

睡眠

我們在做事時理智地選擇了恆心，而忽略了恆心之下事情進展的快慢。

我們在做事時理智地選擇了恆心，而忽略了恆心之下事情進展的快慢。先哲們對感情似乎有嚴苛的標準，不允許人類的感情偏離正常的軌道，但是他可以在理智的控制下讓感情去決定加快還是放慢自己的腳步，而不要變成一個在感情上遲鈍呆板的怪物。就像是一個勇敢的將軍，在戰場衝鋒陷陣時的脈搏肯定比他在就餐時的脈搏跳動得更快。甚至，他可能會激動和緊張。就因為這樣，我每每看到面對重大事件和非常任務卻一如既往鎮定的大人物，心裡無比佩服。

在亞歷山大大帝與大流士即將激戰之時的那個早晨，開戰之時迫在眉睫，他卻在營裡呼呼大睡，在他的下屬帕爾梅尼奧三番五次催促後，亞歷山大才醒過來。

奧東皇帝也是一個這樣的人。在他決定自刎的那個夜裡，他把錢財分給了僕人們，磨利了用來自殺的劍刃；然

後，他在等待同伴們安全撤離期間，竟然睡著了。就算面對即將結束生命的恐懼，他也照樣睡得如此沉，他的僕人竟然聽到他熟睡的鼾聲。

加圖（Cato）的死與這位奧東皇帝之死有許多相似之處，而加圖的表現更令人驚訝：加圖自殺之前，撤離了元老院的元老們，在等待元老們離開烏提卡[093]港的消息時，他卻睡著了，他沉睡的呼吸聲連隔壁都能聽得見。當他的下屬叫醒他，向他報告元老們遇到暴風雨難以起航的消息時，他又派出另外一個人，然後再次睡著，直到確定元老們已安全離開。

與亞歷山大一樣，加圖表現得十分沉著。護民官梅特魯斯想要趁卡提里那的騷亂發步命令，召龐貝帶兵回城，卻只有加圖一人反對梅特魯斯的提議，並在元老院裡與他起了衝突。因為有了梅特魯斯的煽動，加圖的遭遇陷入了非常危險的境地。加圖的反對無法產生任何作用，命令第二天就要實施了。那時，梅特魯斯有強大的力量做後盾，有民眾和偏向龐貝的凱薩的支持，有外籍奴隸和刀劍手的擁護。相比，加圖只有他自己的毅力。他的家人和一些社會上的正義之士都十分為他感到擔心。在他的家庭裡，他

---

[093] 烏提卡，北非迦太基西北的城市。

的妻子、姐妹非常傷心，哭泣不已，甚至有些人因為擔憂他的命運而吃不下睡不好。可是加圖呢，卻反過來安慰大家。他的表現和往常一樣，吃過晚飯，便上床睡覺，一直到一位行政長官署的同僚第二天早上來叫醒他，他才起床去參加這個充滿爭論的會議。我們不免感到奇怪，但是看到他今後一生中所表現出的勇氣，我們就知道，他的大無畏精神是源於他有一顆遠遠超越這些事情的心靈，因為有了這樣的心靈，即便不是這類關於生死的大事，只是些微不足道的小事，他也不願意勞心傷神。

在西西里海戰中，奧古斯都戰勝了塞克斯圖·龐培（Sextus Pompey）[094]。在這場戰爭開戰前，奧古斯都竟然沉睡不起，以致他的同伴沒辦法獲得戰鬥口號而無法開戰。這件事情被馬可·安東尼（Mark Antony）知道後，大肆指責奧古斯都，說他連看看自己軍隊陣容的勇氣都沒有，說他在阿格里帕（Marcus Agrippa）[095] 跑來報告獲得勝利前都不敢見他的士兵。而和他一樣的蓋屋斯·馬略（Gaius Marius）[096]，表現得更加讓人失望（在與蘇拉作戰

---

[094] 塞克斯圖斯·龐培（Sextus Pompey，? - 前 35），龐培（Pompey the Great）之子，凱薩死後追隨元老派，任艦隊司令。

[095] 阿格里帕（Marcus Agrippa，前 63- 前 12），奧古斯都的親信和女婿。

[096] 蓋屋斯·馬略（Gaius Marius，前 157- 前 86），古羅馬政治家、統帥，頗有戰

的最後一天，他給部隊下了命令，下達戰鬥口令和口號之後，他就在一處樹蔭下躺倒休息，結果死死地睡去，戰鬥情況一無所見，部下潰敗逃跑也幾乎未將他驚醒），有人會說因為戰爭多缺乏睡眠，營養也跟不上，導致他的身體吃不消。這個說法，醫生們自會去研究睡覺是否影響人的壽命。但是，我們知道的事實是，羅馬的馬其頓國王佩爾塞烏斯之所以死亡，就是因為他睡眠的權利被人剝奪。可是普林尼曾提到過，即使有人不睡也活了很久。

據希羅多德史書記載，有的民族半年睡著，半年醒著。

哲人埃庇米尼得斯（Epimenides）傳記的作者說，他睡了五十七年。

功，七度當選執政官。

年齡

剛長出來的刺就不扎人，今後也不可能會扎人。

對於現在人們預測壽命長度的方法，我姑且不予贊同。古代哲人的預算方法則較為不同，我見他們通常將壽命的預算減少很多。許多人曾阻止小加圖（Cato the Younger）自殺的行為，他回應道：「我都這個年紀了，難道還有人說我死得太早嗎？」可是當時他僅有四十八歲。在他的觀念裡，這個年齡已經可以算做高齡了，因為許多人甚至還活不到這個成熟的年紀呢；有些人談及這一點時說，依照通常所說的自然壽命──姑且這麼稱呼它──人是足夠再多活上幾年的；在宇宙的自然法則下，人人都難逃某些厄運和不測，倘若某個人十分幸運，可以躲避任何不幸，他就能再活得長一點，反之，他很可能比預期的時間提前一大截就壽終正寢。現在，隨著年紀的增大而老死，這種死法逐漸越來越少見；將老死善終定為壽命的最終目標，哪能輕易就有這麼好的事？現在我們只能用自然死亡這一名詞來代替老死，說得就好像一個人不小心從高

處摔死，不幸遇上海難身亡，得了瘟疫、染上胸膜炎病死等這些都是非自然死亡，都是違反自然的一樣，彷彿我們本就命不該絕，不應觸這些霉頭。千萬別信這一套：或許本應將普通的、共同的、隨處可見的東西稱之為自然的。老死並不比其他死亡的發生要自然，它才是特殊罕見的死亡，是最不一般、最極端、最後的死法；它如此虛無縹緲、遙不可及，我們本不應有所期盼；這是自然法則規定的限制，是我們不可踰越的界限；倘若不小心活到了那個階段，這也只是它給予我們的特殊照顧。這是它在兩、三百年的時間裡，偶爾為寥寥幾人準備的赦免和優待，讓他在人生的漫漫路途中躲開一切致命的陷阱。

所以，我們應該意識到，我們所能擁有的壽命長度已經優於常人了 —— 要注意這一點。既然常人都很少能超越我們的年齡，那也就表明我們已經達到高壽了。既然我們已超越了通常所說的自然壽命，那就沒必要再期望活得更久；我們眼睜睜地看著身邊的人一個個遠去，而自己卻屢次逃離死神的召喚，那我們就應意識到，我們幸運地擁有命運神聖的庇護，而這種非比尋常的恩惠必然不會持續太久。

這種天馬行空的幻想之所以存在，就源於律法本身的

缺陷和弊端；舊羅馬的律法規定，男子到二十五歲才對自己的財產具有支配權；二十五歲之前，對自己的生活尚且可以勉強支配。奧古斯特將這個規定中的年限減去了五年，並且規定年滿三十就有資格擔任法官一職。塞爾維烏斯・圖利烏斯（Servius Tullius）[097] 免除四十七歲以上人的兵役；之後奧古斯特又將騎士兵役年限降至四十五歲。依我看，讓男子在五十五歲或六十歲之前退休不大可行。倘若出於大眾利益盡量延長工作年限，這一點我可以予以贊同；但另外一面的失誤就理應改善或避免 —— 我們應將從業的年齡提前。奧古斯特登上統御世界的大法官[098]寶座時才十九歲，要是現在，決定在什麼地方裝上個櫥槽，還得年滿三十歲才行。

在我看來，人在二十歲的時候，就已經能顯示出所有的精力和活力了，將來能有什麼樣的成就也大致可以預測。倘若在這個年齡段還沒能顯露出自己的能量，那麼今後也別指望能有所作為。這個時期正是展示人天性的美德和品格的最佳期限，倘若所有的力量和美好沒能在此时迸發出來，今後也就不會再有所展現。

---

[097]　塞爾維烏斯・圖利烏斯（Servius Tullius，前 578- 前 534），羅馬第六任國王。
[098]　這裡指奧古斯特在西元前 44 年，即他 19 歲時當上羅馬執政官。

多菲內 [099] 的人說道：

剛長出來的刺就不扎人，

今後也不可能會扎人。

就我所知，無論是古代現代，也無論是哪行哪業，人類的一切豐功偉績，多半可以被認為是三十歲之前所創造出來的；的確，許多人的一生中都體現出了這一點。像漢尼拔 [100] 及其宿敵西庇阿（Scipio Africanus）[101] 的一生，不也正是這樣嗎？

他們生命裡的名譽聲望，多半都是踩著年輕時創造出的輝煌腳印而得來的；他們後來成為了不起的人，都是奠定在犧牲別人的基礎之上。當他們談及自己時，一定會一致開口說，等過了這段年紀，我的身體也大不如以前了，精神也退步得多進步得少。當然，有許多人善於利用時間，隨著年齡的增長，他們的經驗和知識也累積得越多；然而，原本的活力、精力、毅力，以及某些人特有的重要特質和基本素養，通通在逐漸衰退，越來越弱。

---

[099]　多菲內，16 世紀時法國東南部的一個地區。

[100]　漢尼拔在康奈戰役中取勝時是 31 歲，他死時是 64 歲。

[101]　西庇阿在扎瑪戰役中取勝時是 31 歲，他死時是 52 歲。

歲月的無情敲碎了我們的靈魂外殼，

壞掉的彈簧卡住了運作的機械，

頭腦開始出問題，舌頭和理智不斷顛三倒四。[102]

　　　　　　　　—— 盧克萊修

　　有些時候，身體先衰於心靈；也有時，心靈先衰於肉體；我所知道的許多人，他們的頭腦都比腸胃和腿腳衰老得更早；而這種現象越是不明顯，自身就越察覺不到，危害性也就越大。我之所以這次埋怨律法的不足，並非因為律法要求的工齡太久，而是在於它讓我們開始的時間太晚。在我看來，生命實在是很脆弱，漫長的一生將會在無意中觸礁多少次啊！想到這些，我實在是覺得，將大部分生命都用在出生、學習和休閒上，太不值得了。

---

[102]　原文為拉丁語。

 年齡

良心

作惡者最受作惡之苦！傷害別人的同時，也丟掉了自己的性命。

　　在內戰時期的一次旅途中，我與我的兄弟勃魯斯領主偶爾遇見一位英姿颯爽的貴族，實際上他屬於我們敵對勢力的那一方，但他隱藏得既巧妙又小心，我們完全沒有發現。這也就是此類戰爭中最糟糕的事情，局勢混亂、場面複雜，單從穿戴和外表來看，完全無法區分敵我，兩方遵循的習俗相同，接受的律法相同，常用的語言相同，呼吸相同的空氣，實在難以辨別。我最怕的，就是在陌生的地方碰見軍隊，這時就不得不報出姓名，生死只能靠運氣了。過去我曾遭遇這樣的事情，在那場不幸的災難中，我不僅全軍覆沒，勝利者還殘暴地殺害了一位義大利貴族，他是我精心栽培的一名宮廷侍從，這樣一個年輕鮮活、充滿希望的生命，轉瞬間就在我眼前永遠消失了。

　　不過，這位貴族很容易就會慌張不已，每每碰見騎馬的人靠近自己，穿過這座忠誠的城鎮，他都嚇得昏死過

去，經過我的一番推測，我終於認定他的恐懼是出於他的良心。這位年輕侍從認為，他內心深藏的祕密瞞不過任何人的眼睛，透過他的面具和大氅上的十字架，人們就能看穿他的企圖。良心竟有如此微妙的力量！良心會推動我們反抗，促使我們戰鬥，引導我們控訴；在不被外界打擾、沒有外界證明的情況下，良心會譴責我們，或追趕我們：

它像一名劊子手，手舉一根無形的鞭子不斷地抽打我們。[103]

—— 尤維納利斯（Decimus Juvenalis）

有這樣一個老少皆知、耳熟能詳的故事：貝蘇斯，帕奧尼人，遭人斥責，說他故意殺害了一整窩小鳥，把鳥窩從樹上打下來，而他卻堅持強調自己沒錯，說這窩小鳥總是無端汙蔑他是自己父親的殺人凶手。事實上，這樁殺父案被隱藏得天衣無縫，直到那時也無人知曉真相；但在良心的不斷譴責和申冤下，這個背負著犯罪包袱的人終日不得安寧，終於全盤崩潰。

柏拉圖提出觀點，說罪惡身後緊緊跟隨的就是懲罰，這一說法遭到了希西厄德的駁斥。他糾正道，罪惡與懲罰

---

[103] 原文為拉丁語。

不分前後，是同時開始的。走在懲罰前面的人，就是在遭受懲罰；應該遭受懲罰的人，就是暫時走在懲罰前面。邪惡為邪惡之人帶來痛苦，

作惡者最受作惡之苦！[104]

正如螫了人的胡蜂，受害更深的是自己，因為它至此永遠失去了那根螫人的刺。

傷害別人的同時，也丟掉了自己的性命。[105]

—— 維吉爾

源於大自然的矛盾法則，斑螫在釋放毒液的同時，自身也能分泌出一種與之相對的解毒素。同理，人在尋歡作惡時，即便感到短暫的快樂，良心上也同時會滋生一種憎惡感，造成一種反向結果，引發出許多痛苦的聯想，時時刻刻折磨自己。

這種作惡者不為少數，透過睡夢中的囈語，或譫妄裡的胡言亂語，洩漏出長期隱瞞的良心之下的罪惡。[106]

—— 盧克萊修

---

[104] 原文為拉丁語。西方古代格言。
[105] 原文為拉丁語。
[106] 原文為拉丁語。

阿波羅多羅斯曾夢見過斯基泰人將自己活活剝了皮，扔進一口沸騰的大鍋裡煮，他的心開始喃喃自語：「是我造成了你所有的痛苦。」伊比鳩魯說：「壞人無處躲藏，無論他們躲去哪裡，良心的不安和譴責，都會將他們暴露出來。」

沒有一名罪人能在自己的法庭上得到赦免，這才是主要的懲罰。[107]

—— 尤維納利斯

良心讓我們害怕、畏懼，也讓我們堅強、勇敢。我可以說，我能在歷經千難險阻的人生征途上步伐穩健，正是因為我的目標光明磊落，我的意圖清晰明瞭。

內心充滿希望，還是布滿恐懼，完全取決於良心的判斷。[108]

—— 奧維德

類似的例子舉不勝舉，只需舉出同一個人物的三個例子。

一次，當著羅馬人民的面，西庇阿被指控犯下某樁不小的罪行，而他不僅不去乞求原諒，也不去向法官求情，

---

[107] 原文為拉丁語。
[108] 原文為拉丁語。

反而大聲駁斥道：「好啊，當初要不是靠我的勢力，你們哪來資格審判別人？如今倒好，竟然要把我送上審判臺了。」

另一次，法院對他提起申訴，他從頭到尾都沒為自己申辯，只是滔滔不絕地自言自語：「我的公民們，來吧，感謝上帝的恩惠吧，就是在今天這種日子，我征服了迦太基人。」語畢，他徑直朝神廟跨步走去，而所有人緊隨其後，連起訴他的人也在隊伍當中。

應加圖的要求，人民法院再次傳訊了西庇阿，要求他出示在安蒂奧克省所有的開支數據，為此，他並沒有前往法院，而是來到元老院，拿出放在袖子裡的帳冊，說所有收支都詳細具體地記錄在這本帳冊中；他並不同意將其轉交至法院作為備存檔案，他說自己絕不會自取其辱，於是當著眾人的面，將這本帳冊撕了個粉碎。我並不認為這顆歷經滄桑的心靈會弄虛作假。李維對他的評價就是天性豪爽、慷慨大方、氣宇非凡，他絕不會低聲下氣地做出一副無辜的樣子，絕不會做一個罪人。苦刑這項發明太過危險，它與真情的驗證毫無關係，而似乎是在驗證人的耐性和毅力。可以忍耐苦刑的人會死守真相，無法忍耐苦刑的人同樣會隱瞞事實。痛苦的折磨可以逼迫我供認不諱，那

麼，它也有理由讓我不承認事實。再者，倘若受到無端指責的人能夠忍耐這種苦刑折磨，難道罪該萬死的人就沒有耐性忍受這種痛苦，以換取美好的生命報酬嗎？

我始終相信，這一發明是以良心力量的思想為理論依據而建立起來的。因為，對於罪有應得的人來說，苦刑似乎能夠讓他變得軟弱，坦言他的罪行；而對於無罪的人來說，他並不會由此畏懼，而會更頑強、更堅定。說句實話，這方法實在是充滿了危險性和未知性。

為了躲避難以忍受的痛苦，還有什麼話說不出來，什麼事做不出來呢？

痛苦會逼迫無辜的人說謊。[109]

—— 普布里烏斯・西魯斯（Publilius Syrus）

審判者之所以折磨人，目的就在於不讓他含冤而死，而結果卻是，那個人飽受折磨後含冤而死。萬千受刑者的腦袋裡滿是虛假的懺悔。說到這裡，我想起了菲洛特斯被亞歷山大審判時的情形，想起了他備受摧殘的受刑過程。在此，我特意要將菲洛特斯作為典範。然而仍舊有聲音說，苦刑不過是懦弱的人類眾多發明中，最少痛苦的一項

---

[109] 原文為拉丁語。

發明。就我看來，這發明是最無價值、最不人道的發明！在這方面，那些希臘和羅馬口中野蠻人的國度，還遠遠不及希臘和羅馬野蠻，它們認為，一個對自身錯誤還尚未明確、心存懷疑的人，對他的折磨或殺害都是十分凶殘可怕的行為。你並不希望殺害一個無辜的人，但你的行為卻比殺他還要殘忍，你的公正呢？事情的確如此：他寧願無數次地就這樣死去，也不願接受審訊而備受苦刑折磨，這遠遠比死刑還要難忍可怕，相當於在處決之前就讓人落入生不如死的境地。

　　下面這個故事我不記得是從哪裡聽來的，但它的確真實地反映了良心的公正性。有一名村婦，她當著一位軍隊總司令兼大法官的面，聲嘶力竭地控訴一名士兵，說她僅剩下的一丁點餵小孩的麵糊被他搶去了，四周的村莊早已被這支軍隊洗劫一空。可是她卻拿不出任何證據來。司令告誡這位婦女，說必須仔細考慮清楚她所說的話，因為倘若有誣告的嫌疑，就要付出相應的代價。她態度堅決，死不改口，於是司令下令剖開士兵的肚子以求真相。證據確鑿，這位婦女沒有說半句謊話。

 良心

身體力行

許多事物在想像中都要比現實中更誇張一些。

針對推理與學問這兩種能力,即便我們有意給予其最大的信任,我們也不足以抵達行為的極限,我們的靈魂還須歷經現實的考驗和實踐的鍛鍊,才能夠坦然面對人生的艱辛歷程;否則的話,一旦遭遇某種突發事件,我們的靈魂就會束手無策,無以應對。因此,試圖取得更大成就的哲學家們,就不甘於躲在和平的庇護下等待命運的威逼,擔心萬一命途多舛,在這場人生戰鬥中,自己不過只是個經驗匱乏的新手。他們越過事物的步伐,走在前面,主動迎接挑戰和困難。有些人捨棄萬貫家財,甘願過清貧的日子;有些人節衣縮食,給別人做苦工,磨練自己吃苦的意志;甚至還有人為了避免自己的意志和靈魂被聲色犬馬腐化,甘願捨棄最寶貴的身體器官,譬如眼睛、生殖器等。人的一生中,需要完成的最偉大的事業,就是死亡,對此我們卻做不到身體力行。經驗和習慣能夠給人以磨練,要他承受得起各種各樣的痛苦,貧困、恥辱、病痛或其他厄

運;然而,唯獨只能經歷一次,每個人在經歷之時也都是新手——這就是死亡。

古人十分善於利用時間,對死亡充滿興趣,甚至一度嘗試去體驗死亡的滋味,他們全神貫注地研究死亡的旅途究竟是何種模樣;可是,我們卻沒能等到他們歸來的蹤影,沒辦法聽到他們帶回來的消息:

沒有人在冰冷的死亡中安息後還能甦醒過來。[110]

—— 盧卡努斯

凱尤斯·朱利烏斯,這位穩重崇高的羅馬貴族,在得知惡魔卡利古拉將他定為死罪後,他所表現出的那種不屈不撓著實令人折服。在劊子手即將對他行刑之時,他的某個哲學家朋友問他:「凱尤斯,您能感覺到您的靈魂嗎?此刻它怎麼樣了?它在做些什麼?在想些什麼?」他答道:「我的頭腦正專心致志地做準備,毫不分神;在這種轉瞬即逝的死亡瞬間,我是否能看見靈魂出竅的那一幕,我的靈魂是否對之後的事有所感覺,若我能感知這一切,以後還有回來的可能,我會向我的朋友講述這一切。」這個人對死亡的探討——至死都還在進行哲學研究。在這

---

[110] 原文為拉丁語。

種嚴肅的重要關頭，還能有思考其他問題的閒情逸致，將死亡作為終身課題，還有比這更勇敢、更自信、更值得驕傲的嗎？

> 嚥氣時他還在支配自己的靈魂。[111]

—— 盧卡努斯

但是，至今我都認為，一定有某種辦法可以去體驗死亡，甚至習慣死亡。我們可以嘗試一些實驗，即便很難做到完美且全面，也不至於毫無用處 —— 至少能讓我們獲得更多的自信，變得更加堅強。倘若無法親自投身於死亡，至少能接近死亡，認識死亡；倘若無法進入死亡的國度，至少能看見甚至踏上通往死亡之國的大路。有人建議我們可以多觀察人的睡眠狀況，這的確不無道理，因為睡眠與死亡在某種程度上存有相似之處。

對我們而言，從清醒進入睡眠是多麼容易！失去光明、失去自我，又有多麼不在意！

讓我們喪失行動力和知覺，這正是睡眠的功能，看起來似乎是違背自然法則的，毫無任何好意，除非是自然在以此方法向我們證明它造物主的身分，讓我們知道，自然

---

[111] 原文為拉丁語。

是一切的創造者，生也如此，死亦如此；一旦我們被賦予生命，自然就已經準備好了我們此生之後的不朽狀態，並向我們展現出來，以此避免我們產生某種恐懼心埋，讓我們盡早習慣這一切。

然而，就我看來，那些因遭遇突發事件而大受刺激，瞬間喪失知覺或突然心力衰竭的人，他們借此機會已經靠近了死亡的真相；在這轉瞬即逝的過渡期，我們沒有時間停下來細細品味，所以也不必擔心有什麼艱難或不快。痛苦是需要時間來感知的，死亡的瞬間如此短暫疾速，根本不容我們去感知痛苦的存在。我們唯一能體驗到的，也是唯一畏懼的，就是走向死亡。

許多事物在想像中都要比現實中更誇張一些。在我的生命中，大部分時間還比較健康，甚至可以說是活力四射，精神煥發。在這種朝氣蓬勃和樂觀狀態下，一想起疾病可能來臨，我便不寒而慄。而當疾病真的降臨於我，再回想起過去的那種畏懼，病痛顯然就不足掛齒了。

每天我都會有這種感覺：倘若在某一個夜晚，我身處一間溫暖舒適的房間裡，屋外雷鳴電閃風雨交加，我就會不自覺地擔憂起那些孤身野外的人；若我自己也遭遇風暴的侵襲，那我絕不願再去其他什麼地方。

我似乎並不能忍受日日夜夜獨居一室，足不出戶；倘若不得已要閉關一週或者一個月的時間，我會變得無精打采、萎靡頹廢，我會發現自己在健康時對病人的同情，要遠遠勝於自己也在生病的時候；我在生病時，只會同情自己；在想像力的作用下，事情的本來面目會被誇大一倍。對於死亡，我希望我的想像力也能發揮這樣的功能，讓我不至於為此而大驚小怪，被死亡的恐懼徹底打垮；不管怎樣，我們也不會讓事情變得容易多少。

　　不記得是在第二次還是第三次宗教戰爭期間，有一次，我去往離家一里地之外的地方。那時法國爆發內戰，我的住所正處於兵荒馬亂的地帶，但我並沒覺得離家不遠的地方會有什麼危險，所以並沒有特意攜帶什麼武器披肩掛甲，只是順手牽上一匹不算精壯但容易駕馭的馬。然而，回來的路上卻發生了一點狀況，我的馬兒並不好對付，完全讓我束手無策；我有一位身強力壯的僕人，他騎著一匹深棕色的駿馬，沒想那馬兒更是生性暴烈，橫衝直撞，完全不聽他使喚；這個僕人與馬兒較上勁來，硬要逞強，衝出同伴的隊伍，策馬朝我這條小路疾奔過來，如巨人一般直將我和我的小馬撞倒在地；我整個人飛出去十幾步遠，身上皮開肉綻，整個人仰面朝天昏死過去，我的馬

兒也被撞翻，倒在地上呻吟不已；我手中的寶劍也飛出十步以外，皮帶也已斷裂，渾身上下全無知覺，無法動彈，和一樁木頭沒什麼兩樣。

這是我有生以來第一次昏迷，也是唯一一次。我的同伴想盡辦法試圖讓我醒過來，結果都沒能成功，就以為我死了，花費不少力氣把我從半里外抱回了家。

就這樣，整整兩個小時，我被人當成死人來看待；後來在路途中，我開始呼吸，身體也蠕動起來；我的胃部淤滯了太多的血，所以體力被調動起來，壓迫我吐了一口血。他們把我扶起來，就這樣在路上來回折騰，我整整吐了一罐子的鮮血。之後，我的生命力也稍稍有所恢復。但是從此以後，我內心最原始的情感，似乎並不像之前那樣接近生命，反倒離死亡要近得多。

因為靈魂尚未找到回歸之路，驚慌失措，飄忽不定。[112]

—— 塔索

這個回憶是如此深刻，銘記於心，我似乎已經觸摸到了死亡的臉孔，認識到死亡的真相，往後再碰見它，便不

---

[112] 原文為拉丁語。

再覺得太突兀和生疏。當我接觸死亡的目光時，我的視線開始變得黯淡、模糊、虛弱，只能辨別出光線來，除此以外別無他物。

眼睛忽而張開，忽而緊閉，人站在睡眠與清醒的半路上。[113]

—— 塔索

靈魂會與肉體做出同樣的反應。我瞥見自己滿身鮮血，大氅上也全是我吐的鮮血。我最先想到的是我的腦袋中了槍；的確，在我身邊有幾個人打出了幾槍。我感覺到我的嘴唇已經讓我的靈魂命懸一線；我緩慢地閉上雙眼，彷彿正幫著那股力量將生命推出我的體外，懶散地享受著生命的逝去。你會感覺到靈魂與想像飄浮空中，和肉體其他部分一樣纖弱溫柔，實際上並沒有痛苦難忍的感覺，反倒讓你有種緩緩入睡的舒適感。

人在愈漸衰弱的彌留之際也處於這種狀態當中，對這一點我毫無懷疑；我還認為，平日裡我們認為他們的身體痛不欲生或靈魂極度不安，並因此對他們心生憐憫，這也是沒什麼道理可言的。無論埃蒂納·德·拉·博艾迪怎麼

身體力行

認為，我的觀點也向來如此，絕不改變。我們親眼看見有的人昏倒在地，不省人事，已經瀕臨死亡的邊緣，或者常年臥病在床，或者突發中風，或者年邁衰竭，

經常一名病人抵不住病魔的暴力，像遭受雷殛，在我們的眼前倒下；他口吐白沫，痛苦呻吟，四肢抽搐；他譫妄，肌肉痙攣，掙扎，喘氣，在全身亂顫中衰竭。[114]

—— 盧克萊修

或者頭部遭遇重創，我們親耳聽到他們的痛苦呻吟，唉聲嘆氣，哀怨刺耳，認為這些聲音和舉止正是他們身體的反應；我也會認為，不管是他們的靈魂還是軀體，都已陷入了昏迷之中。

他活著，但是他本人意識不到自己活著。[115]

—— 奧維德

我無法相信，當一個人的身體和感知遭受如此重創，受到這樣的摧殘後，他的靈魂中自我感覺的能量還能保留下來；我也無法相信，他們的理智還能倖存下來，還有機會去感知痛苦，感知如此悲慘的境遇，所以，在我看來，

---

[114] 原文為拉丁語。
[115] 原文為拉丁語。

他們沒什麼值得同情的。

　　人的靈魂痛苦至極，卻又無從宣洩，無以表達，世上還有什麼事比這更讓人恐懼、更覺得難受嗎？這正如我說過的，那些跪在行刑臺上被割了舌頭的人，一臉嚴肅且呆滯的表情，又只能沉默不語，這簡直就是一幅最形象的死亡之圖。這些可憐的囚犯，被這個時代最凶狠殘暴的劊子手士兵反覆折磨，忍受五花八門的殘酷苦刑，屈服於駭人聽聞的威逼敲詐，而與此同時，出於他們那種身分和地位的顧慮，對受盡苦難的痛楚卻無從表露，所有的思想也沒有表達的出口。

　　詩人卻創造了一些神，給那些慢慢死去的人說出心裡的想法，

　　遵照神的旨意，我把這根神聖的頭髮帶給普路托，我讓你擺脫你的軀體。[116]

—— 維吉爾

　　逼供者貼著他們的耳朵大呼大叫，聲音震耳欲聾；他們不得已做出幾聲斷斷續續的回答，發出一些短促的聲音，被逼做出類似於招供的動作，這都不足以表明他們仍

---

[116] 原文為拉丁語。

舊擁有生命，至少不能說是擁有完整的生命。當我們站在昏睡的入口處，四周一切都宛若夢中，看不見也聽不清，所有的畫面朦朦朧朧，聲音縹緲不定，在無意中喃喃自語，彷彿徘徊在靈魂的邊緣；而且，別人在耳邊說的最後幾句話，即便是做了回答，那也多半是胡謅亂語，真正有意義的沒兩句。

此刻即便我有了一些經驗，但我也堅信，那時我所做出的判斷是錯誤的。第一，昏倒的那一刻我拚命用指甲撕爛我的貼身衣（緊身衣和盔甲早已凌亂不堪），記憶中似乎也並無絲毫疼痛感，因為做出的許多肢體動作並非源於大腦發出的指令。

半死不活時，手指痙攣抽動，抓住了那把劍。[117]

—— 維吉爾

跌倒的人在著地前必會先伸出雙臂，這是本性使然，是一種本能反應，表明人的肢體動作有時並不處於理性的控制之下，而自動自發地配合一致。

---

[117] 原文為拉丁語。

也有報告聲稱，戰場上被刀劍斬斷的四肢，散落在地仍舊抽動幾下，一切發生得如此迅速，以至於靈魂和軀體尚未來得及感知痛苦和傷害。[118]

—— 盧克萊修

我的胃裡慢慢地充斥著瘀血，雙手不自覺地輕撫著腹部，不受任何理性控制，像在搔癢一般。有些動物喪命之後，我們還能看見它們的肌肉在抽動或伸縮，甚至在人身上也不例外。我想每個人都有過這種經歷：有的身體部分偶爾會不受控制地抖動、舉起或放下。這些動作不能被稱為我們真正的舉動，它只是流於表面，處於理性的範圍之外；動作之所以能成為我們真正的舉動，就必須要讓思想和行為協調一致，全身心地投入進去；睡眠期間手腳感受到的痛，就不能稱之為我們的痛。

我還未抵達家中，我從馬背上摔下來的消息就已先我而去。離家不遠處的地方，我看見我的家人奔過來迎接我，一個個驚慌失措、大呼小叫的。後來他們告訴我，我不僅僅回答了別人的問話，看到妻子步履踉蹌地在崎嶇不平的小路上朝我奔過來，還說要給她備一匹馬。這些看起

---

[118] 原文為拉丁語。

來好像是頭腦清醒的人才會顧慮到的，而我壓根就算不上清醒。實際上，這些想法是飄忽的，是無意識的，並非是我的理性發出的指令，而是由耳目的感知覺自發引起的。我並不清楚自己發生了什麼，從哪裡來，去往哪裡，也沒辦法仔細斟酌別人的話語。這像是出於習慣而做出的舉動，只是一種由感覺而引發的輕微反應；宛如在夢境中，只留下一抹淺淺的、水一般的痕跡，靈魂發揮的作用微乎其微。

不過，實際上我的心情並沒有絲毫的跌宕起伏，我不為自己惋惜，也不因他人難過；這是一種疲憊至極的狀態，一種極度的虛弱，但不摻雜一絲痛苦。我的房屋映入我的眼簾，但我不認識它。別人放下我，讓我躺在床上時，我感覺到一種極為甜蜜的舒適感，感到我開始了一次最美好的休息；這些可憐的人把我折磨得非常累，我就這樣被他們抬得走了不近的路，一路上坑坑窪窪，他們輪番換了兩三次手，才大費周章地把我給搬運回來。

他們不斷給我送上許多藥丸，我卻通通拒絕，我固執地認為頭部遭受了致命創傷。說心裡話，我覺得這種死法還是比較幸福的；因為身體的極度虛弱讓我感知不到一切痛苦，而理智的受損也讓我不用對任何事情斟酌判斷。我

任由自己飄飄然，在迷糊的意志下怡然自得地晃蕩，覺得沒有任何狀態比現在這樣更輕柔、更舒服了。兩、三個小時後，我的力氣漸漸恢復，我的靈魂也回到了我的身體內，

　　終於，我感覺活力重新回到我的身上。[119]

—— 奧維德

　　我又活了過來，而此時，我立刻回想到從馬背上墜落的痛苦，記起跌倒在地、四肢挫裂時的苦不堪言，而接下來的幾個夜晚，我都被這種感覺折磨得難以入睡，彷彿又死了一次，但這一次卻沒能死得那麼舒適寧靜，現在回想起來，那些輾轉反側的畫面還歷歷在目。我並不想忘記這一切，對這樁事故的回憶就是我所能記得的最後一件事了；在我的意識清醒之前，我從哪裡來，到哪裡去，事情是何時發生的，等等，這些都要別人不斷地重複提醒我；而關於我是如何摔下馬的，他們將事實隱藏了起來，另外編了個故事，為了包庇那個撞倒我的倒楣鬼。然而，就在第二天，我的意識漸漸清醒，記憶開始恢復，我的腦海裡漸漸浮起了那匹馬撞倒我時的情形（我看見那匹馬兒緊

---

[119] 原文為拉丁語。

跟著自己撞過來，以為自己已經沒命了，這種想法突如其來，以至根本沒時間去感受害怕），這就彷彿一道閃電突然擊中了我，整個靈魂都會為之一顫，好像我來自於另一個世界一樣。

不過，就算我記起這件事也沒什麼意義，它不能說明什麼問題，只是讓我從中獲得自己想要的體會。實際上，在我看來，要想習慣死亡，就必須最大限度地靠近死亡。普林尼說過，每個人都能從自己身上學習到某些收穫，他只需要就近觀察。這裡我們並不是在談我的學識，而是說我的研究；這並不是給別人講了什麼道理，而是讓我自己學到了某些知識。

我寫下了我學到的這些知識，我想，我不會被人們責難。某些知識對我有用，我想對別人可能也會有用。我也沒有破壞或踐踏什麼東西，我只是將自己的東西利用起來。倘若我是在做蠢事，那麼唯一傷害到的也就只是我自己，毫不影響他人的利益。因為，我心中僅存的一點念想和奢望就在於此，事情已經過去了，也無須在意後果。我們都清楚，古人中曾在這方面摸索探究過的也寥寥無幾。除了他們的名字以外，我們對其他也一無所知，無法判斷我這次的體驗是否與他們的相似。自那時起，也沒有人再

追隨他們的腳步而去。細想一番，捕捉飄忽不定的靈魂，探出漆黑一片的心靈空間，抓取閃爍不斷的細微瞬間，這種嘗試的確比表面上看起來複雜得多，也棘手得多。當然，從某一方面來說，這也是種不同尋常的新穎的消遣方式，讓我們從平日裡忙碌不已的工作中解脫 —— 的確，甚至讓我們放下迫切要完成的任務，先關注起它來。有幾年的時間，我所研究和檢驗的對象只是我自己，我的目標也只在於我自己的思想；倘若我研究別的事，那也只是為了在自己身上驗證 —— 更精確地說，是在自己的心中檢驗它。我認為這種做法不會錯，就像在許多不進行比較就無法彰顯其作用的學識中，我將自己的習得完全展示出來，即便此刻取得的成果並不能讓我滿意。與所有其他的描述比起來，自我描述明顯要更困難，不過也更具意義。一個人必須要對著鏡子仔細端詳，梳妝打扮一番，才肯出門。我反覆地自我描繪，也不斷地修飾裝點自己。炫耀總是與自我吹噓結伴而行，難免令人反感生厭，出於習慣，高聲談論自己歷來都被視為一種惡習，遭人鄙夷。

　　給孩子揩鼻涕，結果卻揩壞了他的鼻子。

　　怕犯錯，卻犯下罪惡。[120]

　　在我看來，這一藥劑的弊端遠遠大於益處。然而，若你在人前談論自己，必定會被視為自大狂妄；對我來說，以我的總體計劃為依據，我不會隱瞞自己內心的一種病態特質，也不會掩飾我在工作中和生活習慣上存在的這種缺點。不管怎樣，如果要我談談自己的看法，我會說，因為喝醉了酒而指責酒的不是，這是不合理的行為。有這樣一條規則 —— 人只會對好的東西毫不節制 —— 這僅僅只針對酗酒。拿繩子來是套牛用的，我們知道的那些滔滔不絕的聖賢，那些神學家和哲人，他們從不會用以捆綁自己。

　　即便很難說清楚我屬於哪類人，我也不需要繩子。他們只是尚未談及自己，只要時機成熟，他們就會毫不遲疑地將自己展現於眾目睽睽之下。蘇格拉底（Socrates）有沒有談什麼超過談他自己？他教導學生談論的內容，有沒有超過談論他們自己？當然沒有，他們並不談論書本上的知識，而只探討他們靈魂深處的騷動和心靈暗藏的本質。我們在上帝和牧師面前，虔誠地談論自己，反省和懺悔自己

---

[120]　文為拉丁語。引自賀拉斯《詩藝》。

的行為，而新教徒則當著眾人的面開誠布公地談論自己。不過，也會有人說，他們只談及自己犯過的錯誤。我們的談論沒有任何限制，美德也會談，因為即便是再高貴的品格也會有缺憾，也需要反省懺悔。

　　我的工作就在於生活，它是我追求的藝術。誰阻止我憑藉自己的感覺、習慣和經驗去談論生活，彷彿他在要求一位建築師聽從鄰居的建議，而不是憑藉自己的見解和知識來談論建築一樣。倘若談論自己就代表自大，那麼西塞羅和霍爾坦西厄斯，又都虛心地稱對方的辯才比自己要好，這又做何解釋？

　　或許他們希望我不要大談空話，而是拿出自己的行動和作品來做出證明。但我所描述的，主要是一種虛無的非實物——我的思想——無形無體，這很難付諸言語的描繪，更別說用行動表達了。許多聖賢之人在生命中並沒留下什麼豐功偉績，而我留下的顯著事跡，就在於我對命運的探討要多於我對自己的談論。它們所證明的是各自的價值，而並非我的價值，即便偶然造成一些作用，那也只是個暫時的特例。我將自己赤裸裸地展現給眾人：這純粹就是一具骷髏，血管靜脈根根分明，肌肉骨骼一目瞭然，每一個器官都在它對應的位置上。咳嗽一下，對應的那部分

身體就做出反應，心跳和臉色蒼白又對應著各自的身體部位，模模糊糊地顯示出來。

我並非要在這裡描寫我的言行舉止，我所要說的，是我自身以及我的本質。我認為，在談論自己時要嚴謹慎重，提供論證時要認真仔細，無論褒揚或貶低，都應同等對待。我認為自己有智慧、心地善良，我就會大聲說出來；故意少說，或者不說，這並非謙虛，而是愚蠢。亞里斯多德說過，低估自己是怯懦和吝嗇。虛偽成不了美德；真實從來不是錯誤。高估自己，並不總意味著自負，多半還是出於愚蠢。過分沾沾自喜，不恰當地自憐自戀，按我的看法，才是這種惡習的本質。

如何改善自戀這個惡習？最好的辦法莫過於反其道而行，意思就是，說話儘量不要談論到自己身上來，更不要想到自己。思維中的驕傲是不可估量的，語言的作用其實十分微不足道。有些人會認為，獨自過日子無異於孤芳自賞，自思自量也是自戀的行為。這樣的評價其實還很中肯。但這只是針對那些對自己要求甚低，靠整日的幻想和懶散而滿足的人，還有事後聰明的人與自我膨脹和嚮往空中樓閣的人：總而言之，自戀就是把自己看作不同於自己的第三者。

如果有誰陶醉在自我中無法自拔，又貶低別人，那麼請讓他把眼光放到幾千年之前的歷史上，那些傑出的英雄豪傑會讓他羞得無地自容。倘若他把自己當作英勇善戰的人，那就讓他讀讀兩位西庇阿的傳記和那些軍隊與民族英雄的歷史，他會覺得自己離英勇相去甚遠。一個人不是只擁有一種特質就能夠讓人躊躇滿志，他還必須同時記得自身的弱點和缺陷，最後還不要忘記人生只是一場虛妄的夢。

　　只有蘇格拉底曾經嚴肅探究過上帝的教誨 ── 人要自知。只有透過這樣的研究才會發現，能接受自己對自己的批評和貶低，才稱得上是賢人。也只有勇敢地剖析自己，才能算作自知。

身體力行

自命不凡

我一直把自己視為常人，我認為我與其他人的不同就是，我十分清楚自己的缺陷所在。

一旦我們驕傲於自己的某項特殊才能，就會變得特別追求榮譽。這是一種出於本能的愛的體現，一種發自內心且無法拒絕的愛，它讓我們對自己的認識與實際情況產生嚴重分歧：這就好比愛情能賜予被愛者美麗的面容和優雅的舉止一樣，與此同時，它還會使我們迷失方向，無法做出理智的判斷；我們往往會沉溺在甜蜜的戀情中無法自拔，把所愛的對象看得與實際毫不相符，甚至趨於完美。

我並不希望一個人因為極度恐懼而刻意逃避這樣的錯誤，從而更加看輕自己，也不希望他認為以後的生活會比現在更糟。自我評價應該在任何情況下都公平公正：我們應實事求是地看待每一件事。倘若是凱薩，隨他大膽地認為自己就是統治整個宇宙的元帥。我們所在乎的只是外表，而這些絢爛的外表只會矇蔽我們的雙眼，讓我們無法看清事實的真正面目；我們擁有了樹枝，就拋棄樹幹和主

體了。許多女士在討論一些私密問題時常常臉紅害羞，小心翼翼，可她們在做這些事情的時候卻大大方方，毫不扭捏；我們不敢直言不諱地說出某些器官的名稱，卻毫無羞恥地用這些器官去幹各種淫穢的勾當。我們完全服從於體面的外表，它讓我們閉口不談那些合理合法的事物；而我們也從不理會理智，儘管它嚴禁我們做任何一點違反法律或違背良心的事。我覺得在這樣的處境下，體面的規範制度讓我們捆綁住了自己，它既不能讓我們夸夸其談，也不准我們閉口不談。對此我感到十分無言。

許多人因為命運（看你自己認為是好的還是壞的命運）而光宗耀祖、腰纏萬貫，他們公開宣告自己的所有行程，以此向世人炫耀自己的財富。當然，也有一部分的人十分低調，從不顯露自己的任何才能或財富，一生默默無聞，倘若他們自己不談論，那麼就不會有人知道。即使有一天他們迫不得已一定要說，那也是情有可原的，例如盧基里烏斯（Gaius Lucilius）[121]，他就是這方面的最好榜樣：

> 書本就像他忠實的同伴，
>
> 只有它才知道他的祕密與歷史，

---

[121] 盧基里烏斯（Gaius Lucilius，約前 148- 約前 103），古羅馬諷刺詩人，諷刺詩的首創者。

他把所有成功或失敗的故事講給書本聽：

這樣，老人的一生全都展現出來了，

猶如寫在還願板上的故事那般清晰。[122]

—— 賀拉斯

這個人用他的筆記錄下了自己日常的生活習慣和頭腦中任何一閃而過的思緒，並根據自己的感覺畫出了一個模型。「盧齊利烏斯和斯考魯斯並沒有因此而遭受懷疑，也沒有因此而遭受譴責。」[123] 我由此聯想到自己年幼的時候，身邊的人會指出我不同於別人的異常行為，可這些也是我無法做出合理解釋的，這樣的舉止讓我覺得自己特別特殊，心理上有種幼稚的自豪感。對此，我首先想說，這並不值得驚奇，因為每個人都會有與生俱來的，不同於別人的技能和傾向，它們在我們身上扎根生長，而我們本身對此毫無意識。在這種虛幻而神祕的自然傾向下，我們就會在成長的過程中漸漸培養出某種獨特的思想或行為，這就是所謂的習慣。看到自己的美麗外表而因此裝模作樣，致使亞歷山大大帝的腦袋向一側傾斜，讓亞西比德（Alcibiades）說話無精打采、力不從心。尤利烏斯·凱薩顯

---

[122] 原文為拉丁語。

[123] 原文為拉丁語。塔西佗（Publius Tacitus）語。

得悶悶不樂，總是用一個手指搔頭；而西塞羅顯然生來就有看輕別人的習慣，因為他總是揉鼻子。所有這些細節動作都會在我們毫不知情的情況下自然而然地產生，我就不在這裡長篇大論了，舉個例子，例如男子的敬禮和女子的行屈膝禮，這樣的動作往往會給我們帶來不該屬於我們的名聲，其中既有謙虛禮貌的文明人，卻也難免存在阿諛奉承的奸詐小人。我喜歡的禮節是脫帽，尤其在夏天會特別喜歡。除開我的奴婢，凡有人對我行禮，無論是何種身分的人，我都會禮貌地還禮。但是，我還是期望我接觸的少數親王不以此行禮，倘若一定要，那就保持高度的謹慎，因為倘若每看見一個人都要脫帽，這樣的禮節實際上無法產生任何作用。因為若是不加任何區分地將其用於各種人群，它就會失去本身的價值和意義。說到異於常人的行為，我們要深深地記住羅馬皇帝君士坦提烏斯一世（Constantius I）的傲慢態度。從不回頭，從不低頭，從不斜視觀看道路兩旁的歡迎隊伍，他始終保持同一種姿勢，即使馬車之上難免顛簸，他也從不會有任何多餘的動作，不吐痰，不擦鼻涕，也不擦拭臉上的汗水。

　　別人指出的我的這些習慣，究竟是天生使然還是後天培養而成，我也並不清楚，至少我對自己的壞習慣沒有刻

意隱瞞，這點我是願意承認的，所以，我無法對自己的言行舉止負任何責任。然而，只要是有關靈魂的行為，我都願意奉獻和分享自己的全部想法。

　　讓人們感到驕傲的原因有兩點：一是把自己看得太重，二是把別人看得太輕。說到第一個原因，我認為我應該首先提出一點自己的感覺：我時常覺得心裡有一種莫名的壓力，這種壓力來源於我的迷茫，它讓我感到十分難過，因為我無法找出病因，無法對症下藥，它每天都跟在我身邊，如影隨形。我嘗試過許多辦法，卻還是無法將它根除。事實上，我一直都在低調處事，對自己所擁有的一切從不高談闊論或做出誇張的評價。我反而會去提升別人的、不存在的或者不屬於自己東西的價值。這樣的感覺使我越來越迷茫。好比丈夫會產生看輕自己妻子的意識，父親會產生看不起自己親生兒子的意識一樣。我在兩部同等價值的著作前，總是會更加嚴厲地對待自己的著作。這並不是因為自己的完美主義在作祟，才不能對自己的作品有公正的評價，這樣的感覺就好比你會輕視自己已經占有和能夠自由支配的東西一樣。其他國家的習俗和語言十分吸引我。拉丁語能讓我產生崇高的敬意，甚至遠遠超過了它本身該得到的敬意，這一層面我同孩子還有民眾持有相同

的觀點。我十分看好自己鄰居的所有東西，不管是房屋還是馬匹，甚至在財產管理方面我都覺得他們略勝一籌，原因只在於它們不屬於我。

很多時候我非常無措，不知道自己該做什麼，能夠做什麼，我只能眼睜睜地看著別人勝利、滿足、幸福，自己卻始終無動於衷。這種無能為力的感覺，使我開始不相信自己，做什麼我都抱著不確定的態度。我在處理一件事情前完全找不到動力和目標，只有在事情落定之後，才會回過頭去將事情徹底看清：我猶如一個剛剛接觸力量的人，顯得那麼愚笨和無知。所以，我一直認定，事情的完成都是僥倖得來的，並不是透過自己的努力獲得的。我的心裡十分恐懼，也不禁後怕，總是向上天祈禱好運趕快降臨。由此我產生了一個這樣的特點：在古代優秀詩人對我們的評價中，我最希望看到的是那些直言不諱予以貶低或侮辱的尖銳評價。我認為，哲學一旦展現它的妥協、優柔寡斷、不言不語，必定就是在嚴厲制止我們的一切虛偽和傲慢。我肯定的是，人對自己的過高評價，也就是整個社會和個人最大的謬誤根源。我認為，和醫治牙齒的醫生一樣可惡的，是那些騎在水星的本輪[124]上，探究宇宙深處

---

[124] 本輪是地心宇宙體系中行星運行所沿的輔助圖。

的人。我的研究對象通常都是人類，關於這個客體的看法多種多樣，我在研究期間遇到過許多令人頭痛的問題，這些問題就像理不清的迷宮，在這個充滿智慧的地方，藏著許多令人糾結的矛盾和懷疑，那麼我們就這樣理解，既然這些人無法了解自己，也看不清存在他們周圍的狀況和現實，既然弄不懂讓其發生運動的東西是怎樣一種運動，也不懂如何描述和理解他們擁有並使用的彈簧的作用。我又如何相信他們口中的第八個行星運行的具體原因以及尼羅河的漲潮落潮的原因呢？《聖經》中講道，讓人們萌生好奇心的事物，無疑就是一種禍患。

讓我再回過頭來重新談談自己。我覺得，要找到一個對自己評價很低的人，或者找一個評價我比我對自己的評價還低的人，這實在十分困難。我一直把自己視為常人，我認為我與其他人的不同就是，我十分清楚自己的缺陷所在，而且我覺得這些缺陷比普遍存在的缺陷惡劣得多，但我從不對它們予以嚴苛的否定，也不替它們做無謂的辯解。我完全認同自己，知曉自己的價值所在，所以我毫不自卑，反而十分欣賞自己。

倘若我顯示出驕傲自大，那也只是一種假面的表象，完全因為一時興起所導致。它們對於我來說根本不值一

自命不凡

提，我從不把它們放在眼裡。

它們只是澆溼了我，並沒有讓我染色。

的確，談到思想的產物，無論它是由什麼構成的，我身上就從來沒有出現過讓我真正滿意的東西，即使是別人真誠的稱讚我也不會感到開心。我所做的評論都是極為嚴謹而苛刻的，尤其在自己身上更是顯露無遺。我一直在不斷地否定自己，我時常有一種感覺，正是一種軟弱的意志致使我變得如此搖擺不定，逼得我步步後退。我的理智很難滿足，至今都沒有任何東西能讓我由衷肯定。我看得十分明白，但一旦我接觸某件事情之後，我就會猶豫不決，我的視線也變得異常模糊，在我嘗試對詩歌進行透澈的了解時，這種情況愈加明顯。我十分喜愛詩歌，我能透過一首詩讀到作者的所有思想，可是一旦自己動手作詩，我頓時會變成一個三歲孩童，根本無法容忍自己。在其他事情上我可以一知半解，可在詩歌上我絕不妥協。

> 神祇、群眾、展示詩人作品的海報柱，
> 都絕不允許詩人頭上頂著平庸的帽子。[125]

> —— 賀拉斯

---

[125] 原文為拉丁語。

我們應該把這句警言張貼在所有出版社的店面前，以此來勸告那些假冒的詩人踏入其內，

沒有人能像虛偽的詩人那樣自信滿滿。[126]

—— 馬爾希埃

為什麼像這種理解能力的民族，現在已經灰飛煙滅了呢？大狄奧尼西奧斯（Dionysius the Elder）[127] 對自己的詩歌有非常高的評價，並且這也是最值得他驕傲的地方。在奧林匹克運動會期間，他不僅派出了非常華麗的馬車，更是請了詩人和樂師來演奏他寫的詩歌，而且帶過去的營帳裝飾得就像帝王的一樣華貴，到處金碧輝煌。當輪到他來朗誦詩歌時，群眾的耳朵立刻被優雅、華麗的詩歌吸引過來，但是後來他們發現，他所寫的詩歌毫無才氣可言，簡直如同嚼蠟一般索然無味。群眾發出不滿的聲音，給予的評論也越來越刻薄。最後，群眾蜂擁過來推倒他，撕碎他華麗的帳篷。在比賽中，他的馬車也沒有取得好成績，而回去時他的手下所乘坐的船隻，也遭到暴風雨的襲擊，沒能順利地返回西西里島，而被沖到了塔蘭托附近的海岸

---

[126] 原文為拉丁語。

[127] 大狄奧尼西奧斯（Dionysius the Elder，約前 430- 前 367），古希臘敘拉古僭主，在篡權後擴充權力，使敘拉古成為希臘本土以西強大的城邦。

上，船身都碎得四分五裂，群眾認為，他惹惱了神祇，那種憤怒就像是他們對大狄奧尼西奧斯蹩腳的詩歌的憤怒一樣。而且，此次倖存下來的水手們也十分贊同這樣的看法。

同這種看法相似的看法，就是預言大狄奧尼西奧斯即將死去的神諭。神諭中指出，大狄奧尼西奧斯把敵人全部消滅後的那一天，也就是他的死期。而他則認為神諭中所指的迦太基人是比他還要強大百倍的人。在戰爭中，他刻意打亂已經擬訂好的計劃，中途停頓或者有意迴避，以便使這個預言無法成功。不過，他領會錯神的旨意了，因為神所指的是不同於一般的特殊情況 —— 指他後來透過行賄這樣不光明的手段，戰勝了那些名副其實的優秀的悲劇詩人，從而讓他實現在雅典上演出自己的悲劇作品 ——《萊內尼亞人》。在這之後，他就突然斃命了，很大一部分原因在於他興奮過頭。

倘若別人看到我做的這些事情，予以贊同和表揚，那麼我認為我是可以被自己原諒和接受的，因為我不能單從它本身而言，也不能把它當作爭辯的藉口，只能拿它和更壞的東西相比較。我十分妒忌某些人的幸福，他們會因為自己的所作所為而感到心滿意足，從不貪圖不屬於自己的

東西。這是獲得快樂的最便捷途徑，因為這樣的快樂是你自己帶來的，倘若你十分信任自己，那就更應如此。在我認識的詩人中，不論他是七旬老人還是稚嫩兒童，不論他是獨處還是與大家一同歡鬧，他都無時無刻不在叫喊，對上天、對大地述說自己對詩歌的一無所知。不過他還是堅持自己的思想，堅定不移地前進著。他持續做著之前未完成的事情，不斷地修改加工，廢寢忘食，不分晝夜。他只有自己可以依靠，他的所有思想都必須靠自己來支撐，所以他從不對自己的看法產生一絲一毫的懷疑，他百折不撓，堅持不懈。而我是如何看待自己的作品的呢？它們不僅不會使我產生愉悅的心情，反而每次在看見或觸摸它們時，還會無比懊惱和悔恨：

> 當我再次閱讀時，
> 真想把其中很多段落、字句全部刪除。
> 我實在無法忍受自己曾經犯過這等錯誤。[128]

—— 奧維德

我時常覺得自己彷彿置身夢境，因為我的內心總有一種相對模糊的思想，我覺得以這種形式存在的思想要比我

---

[128] 原文為拉丁語。

自命不凡

實踐時所採用的形式好太多了，可我無法深究，更無法把它據為己有，運用自如。其實我知道，這樣的想法十分惡劣。我聯想到，原來不管我的思想多麼天馬行空，都是無法與古代哲學家的靈魂產物相提並論的。他們的著作不僅可以使我們感到充實和知足，同時還給我帶來前所未有的驚喜。我能清清楚楚地看明白它們的美，即使有時我看得不那麼全面，但至少已認識到這樣的水準，那是我無論如何努力也無法抵達的層面。我無論做何種事情，都必須牽扯到美惠女神，好像普魯塔克與別人交談時，總是抱著博得她們青睞的心態一樣，

美惠女神，

那個能給我們帶來一切歡喜、一切愉悅的人。[129]

我被她們拋棄。我寫不出十分優美的句子，整篇文章都十分粗糙。我不會讓自己所描寫的事物超過它原有的價值。我的加工也不會使素材變得多麼有吸引力。所以，我選擇的素材必須要有好的品質，這樣的作品才能讓人青睞，有獨特的味道。我更喜歡用樸實而引人入勝的方式去處理題材，因為我不喜歡全世界的想法都那麼迂腐和悲

---

[129] 原文為拉丁語。

138

傷。我這樣做僅僅是為了滿足自己，而不是刻意將風格變得活潑輕快，因為我的風格更傾向於嚴肅謹慎（如果給我的風格下個定義，則可以稱它們為無規則的和不定型的話語，或者就像是阿馬法尼烏斯和拉比里烏斯[130]說的話那樣，無題目、無段落、無結論的敘述，簡直就是亂七八糟、雜亂無章）。我不擅長取悅他人，讓他人開心，也不懂得如何激發別人的想像力：只怕世界上再好的故事到了我手裡，也只能變得索然無味。我只談論已經規劃完全的計劃，我覺得自己並不具備同行業其他人的特質──善於和陌生人交談，讓那些人折服在他們的高深理論下，他們喜歡不厭其煩地一再重複；或者讓一位君王完全信任他們，把他的所有權威交付於他們手中，任由他們支配和發令。他們可以抓住每一個話題進行無限地擴展和延伸，尷尬或者沉默永遠都不會出現在他們的生活裡。我其實並不太喜歡講幽默風趣的故事，就好像君王從不喜歡嚴肅的交談。腦海裡第一時間想到的、最容易想到的理由，通常是最具說服力的理由，但我不會利用這個東西，也許這就是我不善於面對公眾說話的原因吧。不管我談及哪種題材，

---

[130] 阿馬法尼烏斯和拉比里烏斯是西塞羅的《學術問題》中的兩個人物，西塞羅指責他們缺乏審美力和批判能力。

我總希望可以說出我所瞭解的、最複雜的東西。西塞羅認為，哲學論著的引言是最難的部分。不管是否的確如此，在我看來，最難的部分是結論。

一般來說，演奏樂器要善於調節弦音，讓它發出各種各樣的音調；而高音部分往往充當音調的配角。往往舉起較輕的物品要比舉起重物更為靈巧。有時對待事情，只要對其一知半解就足夠了，有時卻要深究其中的原因。我也能清楚地知道，大部分人都屬於比較低的層級，只是透過外表來判斷事物的內在，但我也明白，一些偉大的哲學家，像色諾芬（Xenophon）和柏拉圖這樣的大師往往會放下身段，站在最普通的老百姓角度來探討各種事情，並用他們的方式來增加這種說話方式的優雅度。

但是，我的言語往往都是尖酸刻薄的，從未有過通俗文雅的特性，我完全按照自己的思想支配情結，不受任何制度約束；我十分喜歡這樣隨意的語言，即使它並非經由我嚴謹的判斷而來，但它至少也出於我的愛好和興趣。同樣，我清楚地看到，我陷入其中太深太深，我拒絕一切裝模作樣和矯揉造作，卻沒想到走進了另一個深淵：

我盡可能要簡單，

不料卻變得晦澀。[131]

—— 賀拉斯

　　柏拉圖曾說，判斷一句話是否得體或精彩，不在於它的長短。我在仿照單調、平穩、工整的寫作風格時就屢次失敗。我比較容易接受，也更喜歡有節奏、停頓點多的文章，薩盧斯特（Sallust）就是這樣的作者，不過比起他，我更覺得凱薩的著作更加難以超越。我的興趣使我更貼近塞內卡的寫作風格，可這並不阻礙我對普魯塔克的欣賞。他的言行舉止我都覺得極其自然。因此，我說話的魅力遠遠超過了寫作。運動和活動是能使言語變得更加精闢的原因之一，我就是那樣，行動可以讓我變得特別興奮，除我之外，那些激動的人就更不用說了。事物往往需要很多抽象或複雜的物體賦予其價值，比如行為、表情、面容、聲調、打扮、心態等，所以，即便是冗長的廢話，也具有它的絕對意義。曾在塔西佗家裡的梅薩拉[132]就向他抱怨過他這個時代的奇裝異服，也抱怨過演講者的講臺會對他們的雄辯產生弊端。

---

[131] 原文為拉丁語。

[132] 梅薩拉（約前 64- 前 13），古羅馬政治家、統帥、作家和演說家。

從出生起就一直生活在這個窮鄉僻壤，以致我的法語發音和語法都不是絕對純正的；不僅僅針對我，身邊的人都是如此，每次與法國人交談他們都會稍稍皺眉。產生這種現象的原因並不是我習慣運用佩里戈爾方言，說句實話，我對這種語言的掌控還不及德語，我也毫不認為這是多麼值得驕傲的事。這種方言的特點與很多地區都類似，譬如普瓦圖方言、聖通日方言、昂古萊姆方言、利摩贊方言和奧弗涅方言：聲調總是往下壓，似乎提不起一點激情，尾音很長，顯得十分拖拖拉拉。比我們地區海拔更高的地方是一片山區，那裡流行的是加斯科尼方言，我覺得這種方言就具有一種特別的美，它簡潔而清晰，又隱藏著深遠的意義，是我所懂得的方言中最有力量，最有精神，最具備陽剛之氣的一種。它毫不過度，一切都恰到好處，像法語一般優雅溫和，細膩多彩。

實際上，我的母語是拉丁語。只是因為各種原因我已經無法靈活運用它了，以致現在自己都覺得十分彆扭拗口，更別提用它來寫作了，雖然在以前，這都是輕而易舉能完成的，甚至過去我還被別人稱為老師。不過，我沒有感到遺憾，我並不覺得這有什麼了不起。

美是拉近人與人之間距離的一種途徑，它在我們的關

係中呈現出偉大和崇高。不管一個人多麼墮落、多麼野蠻，他都不會對美置之不理。肉體是我們存在的主要表現，在其中占據著非常重要的地位。所以，人們往往會對它特別關注，尤其會注意它的構造和特徵。我們之所以會犯錯，就是因為我們企圖將肉體的兩個主要部分與它強行分開。因此，我們必須把它們當作一個整體來對待，讓它們緊緊相連，合為一體。靈魂不可隻身一人地存在，它不能有輕蔑的態度，或者企圖直接放棄我們的肉體（這樣做是虛假且裝模作樣的，顯得多麼可笑），它應該與肉身相親相愛、相互依偎，給它最好的指引，在它踏入深淵時及時將它拉回。它們的關係最終應確立為我們人類所謂的婚姻，靈魂是丈夫，肉身是妻子。作為丈夫，要有寬廣的胸襟，包容妻子的一切，讓它們和睦相處、不吵不鬧，保持一致的腳步和方向。對這種說法表示認同的就是基督教徒了。因為他們所信仰的神就一直在告誡他們，不能有一絲邪惡或不善的企圖，我們贊同將肉體和靈魂緊密相連，有福同享、有難同當。他們的思想也一直跟隨著神的理念，因為他們知道，上帝就在自己身邊，他們所做的每一件事都是受神的指引和安排，人們也會因此得到相應的懲罰或獎賞。

逍遙學派是所有哲學學派中最具有人道主義的學派。它一向主張將靈魂和肉體結合起來，而後造福全世界。它還認為，其他學派對這種共存的理念根本不夠深入，甚至很多時候都犯了片面的錯誤，他們總是無法將兩者平衡，不是過分地注重肉體，就是過分地注重靈魂。所以犯這種錯誤的原因，就是他們普遍忽略了「人」——這個重要的研究客體。他們往往覺得，該真正探討和鑽研的應該是大自然。

美貌是人與人之間最直接的區分標準，它讓一部分人得到優先權：

他們分割土地，

依照美貌、身體還有智商進行分配：

美貌首先重要，體力是後來得到重視的。[133]

—— 盧克萊修

可是，我的身材只能屬於中下水平了。這一缺點使我的美麗度下降不少，倘若你想成為將軍或親王，這樣的身材更使你難上加難。我們不能忽略和輕視漂亮面容和健碩身體的聲威。

---

[133] 原文為拉丁語。

身高沒有超過六尺的士兵，馬略是絕不喜歡的。《侍臣論》[134] 中也寫道，希望有權勢威望的人都具備良好的身形，但也不能太過特殊或突出，以免遭人議論。可是，通常不能兩全其美，所以我還是認為，倘若你作為一個軍人，還是身材高大些比較好。

　　亞里斯多德是這麼描述的：矮個子頂多能稱得上活潑可愛，與漂亮就扯不上邊了；而高個子卻不同，你能在他們身上看到偉大的心靈，就如同他偉岸的身形一般美麗且極具威嚴。

　　他又說，衣索比亞人和印度人在選擇自己的君王和行政官員時，都把美貌和身材當作考核的重點。這種做法是正確的，因為倘若戰隊的首領面容英俊、氣質非凡，他的士兵自然會對他畢恭畢敬，不敢胡作非為：

在第一排領隊的就是圖努斯，

他相貌堂堂，手持兵器，比周圍的人都要高出一個頭還要多。[135]

—— 維吉爾

　　我們崇高的偉大天主，它給我們傳達的每一個思想，都必須要謙虛地、認真地、崇敬地接受，天主並不只注重心靈之美，肉體它也從不忽視，它總說：「你比世人更美。」[136]

　　柏拉圖要求自己的政府官員除了懂得節儉和剛強之外，還應有溫和美麗的面容。

　　倘若你和你的僕人們站在一起，但是別人沒能認出來，並且問你：「您的先生現在在哪？」倘若有的人對待你的理髮師或祕書比對待你還要熱情，那應該會讓你非常傷心。而可憐的菲洛皮門（Philopoemen）[137]就發生過這種不愉快的事情。那天，他被邀請去紳士家做客，他提前來到邀請他做客的主人家，但是主人沒見過他，又見他長得極醜，就派遣他去幫女僕提水燒火，準備接待菲洛皮門。當菲洛皮門的僕人到了之後，發現主人並沒有受到款待，而是在工作（因為他覺得必須服從主人對他的吩咐），就問他為什麼。菲洛皮門對他的僕人說：「我只是為自己的醜陋長相付出代價罷了。」

　　女子需要身體其他部位的美，而身形體態的美卻是男

---

[136] 原文為拉丁語。參見《聖經‧詩篇》第四十五篇。
[137] 菲洛皮門（Philopoemen，約前 252- 前 182），亞該亞聯盟的將軍。

子必須具備的。倘若你身材矮小，即使眼睛再明亮、目光再溫柔；鼻子再挺，弧形優美；前額再寬大、突出；耳朵嘴巴再嬌小，牙齒再整齊潔白；即使你鬍子的顏色、密度、長短都十分適中，即使你擁有圓圓的臉蛋，精神抖擻、表情優雅，身上散發著自然的香氣；四肢健壯且十分勻稱，可你仍然算不上一個漂亮的男子。

在其他方面，我的身形雖說矮小卻也壯碩、硬朗；我的臉也毫不臃腫，頂多說飽滿；我的性格具有兩面性，時常憂鬱，時常瘋癲，

因此，我的胸前和雙腿都長滿了毛。[138]

—— 馬爾希埃

我的精神十分飽滿，身體沒有一點不適，雖然我已經到了蒼老的歲數，卻很少進醫院。在此以前我都是保持這樣一種狀態，但自從四十歲的壽誕過去之後，我意識到自己正慢慢步入年老的隊伍，不再年輕力壯，不再想做什麼就可以做什麼：

---

[138] 原文為拉丁語。

我的精力和青春隨著時間的流逝也在漸漸消失，
它毫無徵兆，使我措手不及。[139]

———— 盧克萊修

在這之後，我變得不完全了，像只剩下了半條命。我在一點一點消逝，連自己都快認不出自己了。

歲月在一點一滴地剝奪我們的財產，我們卻無能為力。[140]

———— 賀拉斯

以前，別人從不會用機智、靈敏這樣的字眼來形容我，因為我展現的狀態都是與之相反的。我的父親身體十分健壯，他這樣的狀態持續到老[141]。在和我父親同等年紀的人當中，我還沒見過在體育鍛鍊方面比他還要厲害和強壯的。同樣，在這方面我也十分自信，認定無人能超越我，除了賽跑項目（賽跑我只能算中等水準）。在藝術方面，我最不拿手的就是音樂，無論是演唱還是樂器演奏我都一無所知，別人從我這裡學不到任何知識。而在跳舞、網球和摔跤上，我也只略懂皮毛；至於游泳、擊劍、

---

[139] 原文為拉丁語。
[140] 原文為拉丁語。
[141] 蒙田的父親一直活到 72 歲。

馬術和跳躍，我則從未接觸過。我也不覺得自己的文筆有多好，我時常翻看以前的著作，沒有一篇是能讓我開口讚賞的，甚至更多時候我都會將它們重新寫過一遍，連修改都不情願；我不懂朗誦，於是我愈加覺得自己的作品無法讓人愉悅。總而言之，我不擅長的事情還有很多很多：我不會裝訂信封，也不會修剪羽毛，品西餐時我不懂右手拿刀、左手拿叉，馬匹上的鞍轡也不是我弄的，更不會想方設法捕捉老鷹然後將牠放生，與貓、狗、馬交談也不是我做的事。

總體來說，我的身體狀況和精神狀況是保持一致的。除了剛強和堅定，我身上沒有透露一絲靈動活潑的感覺。我可以接受艱苦，但這件事必須要有絕對價值，值得我去付出萬分的努力。

工作該時刻保持愉越的心情，這樣才會忘記其中的苦悶。[142]

—— 賀拉斯

也就是說，倘若這件事情並不是我心甘情願的，就無法激發我的興趣，我便會置之不理，因為其他那些亂七八

---

[142] 原文為拉丁語。

糟的因素是我不必擁有的。我所堅定的是，除了健康和生命之外，沒有任何東西值得我去傷害自己的身體，即使小到指甲，我也絕不會讓自己的精神和肉體承擔任何痛苦。

　　我不想付出這樣的代價來換取兩岸綠樹成蔭的特茹河的沙礫中流向大海的所有黃金。[143]

　　　　　　　　　　　　　　　　　　—— 尤維納利斯

　　我不喜歡束縛，追求絕對的自由，這是我與生俱來的性格，也是我的信仰。逼不得已時，我寧願奉獻出自己的鮮血，也不要讓我的腦袋多耗費一點精神。

　　我並不是為別人而活，我的一切行為只對自己負責，因此我無拘無束。自出生到現在，我從不選擇那些試圖控制我的人，我大步向前、毫無畏懼地追求我所期盼的生活，按照我自己喜歡的步伐，不緊不慢地向前走著。這樣的性格使我變得驕縱，我除了遷就自己以外，就無法再對別人這樣。我認為，我也沒必要去刻意改變自己遲鈍、懶散和事不關己的態度，我並不覺得它會給我帶來什麼樣的壞處，相反，我一直過得非常幸福。我安於現狀，這並非是不理性的說法，我一直覺得我可以永遠這麼存在著。因

---

[143]　原文為拉丁語。

此，我從不奢求一些什麼，當然，也就得不到一些什麼：

> 我的帆，沒有因順風而鼓起；
>
> 逆風也無法阻止它的起航。
>
> 在力量、才能、美貌、德行、出身和財產方面，
>
> 我在一流中排在末尾，但在末流中排在首位。[144]

> —— 賀拉斯

　　我對自己精神狀態的要求只有一點，也就是滿足於我自己的命運，說實話，不管人在社會上處在哪種地位，要想獲得這種精神狀態都是件困難的事，但在實際上，窮人獲得這種精神狀態要比富人容易得多。因為致富的願望就像我們其他的願望一樣，當人們了解到富有的滋味後，就放不下對這種願望的渴求；另外，相比起節約和忍耐，前者的美德要更加難得。我現在只需慢慢享受上天賦予我的財富，我沒有從事過艱苦的工作。大部分時間我都在做自己關心的事；倘若我在為別人做事，那麼這其中肯定附帶某些條件 —— 我願意為這些事花時間，並且依照我的方式來進行。另外，那些請我做事的人都十分了解我，也相當信任我，難得的是，他們從來不催促我。要知道，能讓

---

[144] 原文為拉丁語。

固執倔強和患喘息症的馬為自己工作，這也只有真正有本領的人才能做到。

我從小就生活得十分自在，我的條件相對其他同齡人來說實在寬容太多了，我從不被逼迫著做任何事，一切都是隨自己的意願而來。這也就導致了我現在的性情變得極為溫和，搖擺不定。了解我的人從來不會在我家中與我探討這些缺陷，他們十分和善，也足夠包容，這是我始終感到高興的一件事：由於我的漫不經心，我的開支中就包含了為僕人的食宿和薪水而多花的費用，

　　一定是額外的這筆錢，

　　逃過了主人的眼睛，成了盜賊的外快。[145]

—— 賀拉斯

我實在不喜歡記帳、對帳，這樣我就不會對自己的損失有所瞭解。和我一同生活的人，只會對我進行敲詐欺騙，從不會對我表示友善，而我也從不戳穿他們，表現得極為恭敬。我承認我並不堅強，無法忍受一丁點的挫折和失敗，也無法全神貫注地完成一件自己的私人事務，我一向聽之任之，順其自然，上天是如何安排的，我就照著它

---

[145] 原文為拉丁語。

的腳印走。我一直在努力堅持這樣一個原則：在事情尚未開始時，我便會首先預想到它的各種失敗可能，準備好足夠的耐心與平靜的心情，溫和地去接受、對待可能出現的情況。我所有的思想理論就在於此，我也在努力做到這一點。

　　當我遭受挫折或面臨危險時，我想得更多的是如何把這個難題想得多麼事不關己、無關緊要，而不是一味地逃避或抱怨。倘若有一天我真的要面臨這樣的問題，我會採取何種解決措施呢？既然我對事件本身無法產生影響，那我就去影響我自己，既然我無法掌握事件的過程和結局，那我就順其自然地跟著它的步伐走下去。我從不覺得自己是個善於利用機遇、擺步命運的人，我躲不開命運給我帶來的各種衝擊，也無法使它尊崇我、服侍我，我連自己的事情尚且處理不好，我哪來多餘的精力去做其他更艱苦的事情呢？對我而言，最讓我痛苦不堪的就是置身於一件事情的發展中心，前進也不是，後退也不是。它讓我透不過氣來，可我又沒有任何辦法去解決。我一面憂心忡忡，一面懷抱希望。重複思考、反覆思量是我不厭惡的思想活動，即使是微乎其微的一件小事，我也尚且如此。我覺得，我的頭腦無法承擔懷疑和猶豫所帶來的各種動亂，只

要發現一絲光亮,我便會想方設法逃離。我的睡眠品質只會被小部分的興趣愛好所影響,但天馬行空的思想則讓我根本無法入眠。這就好比在我行走時,絕不會去踏入傾斜或沾水結冰的地面邊緣,我寧願走在馬路中間,儘管它可能凹凸不平,不過一想到可以不跌進水溝,我就有十足的安全感。因此,我十分樂意接受那些擺在眼前的苦難,至少它可以不讓我承受突如其來的驚嚇,這樣的驚嚇會讓我十分難過,甚至手足無措,感到絕望。

無法確定的糟糕事件是對我們最大的折磨。[146]

—— 塞內卡

我會用男子漢的方式,面對即將到來或是已經到來的不幸;但在其他情況下,我會像孩童一般禁不住地害怕。與倒臺這種不幸的打擊相比,它所帶來的恐懼則會更加使我慌張。得不償失嘛。倘若那些吝嗇鬼因為愛財而失去財富,他所受到的折磨遠遠比那些本就是窮光蛋的人更要厲害。那些因愛情而遭受折磨、滿心嫉妒的丈夫,也比被戴了綠帽子卻還蒙在鼓裡的丈夫厲害。失去葡萄園所遭受的損失,往往也比因葡萄園而去打官司的損失來得少。底層

---

[146] 原文為拉丁語。

的建築最為牢固，就像樓梯的底層，它就是整個樓梯得以穩固的基礎。站在上面一點都不擔心，它就安全地裝在那裡，支撐起整個樓梯的重量。我將要講述的是一個貴族的故事，這是在當時盛極一時的傳聞，裡面似乎也包含了不少哲理。這位貴族在年輕的時候不務正業，等到年紀很大時才成了家。他伶牙俐齒，為人風趣。他想起戴綠帽子的話題能給他談論和嘲笑別人的機會，同時又不會被別人嘲笑，於是就在燈紅酒綠的地方花錢娶了一個妻子回家，並同她生活在一起。他們見面打招呼的方式和其他夫妻不同，「你好，婊子！」——「你好，王八！」他同客人聊天談論的話題，也就是娶這個女子為妻的原因。這件事情成了他從前那種作風的擋箭牌，即使有人在背後議論他、指責他，也不會顯得多麼尖酸刻薄。

我認為，追求虛榮和自以為是是同一個道理，不過，我把前者歸結為後者的產物，倘若想讓我對某件事情有特別大的憧憬，那必須透過上帝的語言來告訴我。因為我會因為看不到的未來而憂心忡忡，所以我並不會貿然去冒險，也不希望做任何粗重的工作，可是我同樣明白，倘若你想擴大自己的交際圈，提高自己的聲譽，這些都是你必須經歷的：

自命不凡

可我不希望以這樣的方式去獲得希望。[147]

　　　　　　　　　　　　—— 泰倫斯

　　一切為我所有和為我所見的東西，我都喜歡。我絕不會遠離我的港口，

用一把槳劈開波浪，用另一把槳觸及沙灘。[148]

　　　　　　　　　　—— 普羅佩提烏斯

　　再者，你如果沒有付出一點財富，那就無法取得成功，獲得回報。我認為，倘若你擁有一定量的金錢，這也只能讓你保持現有的生活狀況一直到老，那麼，如果這時你在沒有任何渠道的情況下胡亂投資，那是件多麼冒險無知的荒謬事情啊！只是，命運也不允許我們只停留在一個地方，人的一生總會更換各種各樣的環境，你想用自己努力得來的成果去冒險試探也是情有可原的。因為人的一生永遠都在追求，追求那種看似近在眼前，卻又十分遙遠的虛幻的幸福。

---

[147]　原文為拉丁語。
[148]　原文為拉丁語。

倚若你處在對你不利的環境中，請選擇那條極其艱難的道路。

　　　　　　　　　　　　　　　　　　── 塞內卡

　　我的主張是，我會把自己一生所得全部遺傳給我的紈絝幼子，而絕不原諒我那只會維護家族名譽的長子，因為他的所作所為足以整垮我的家族事業。

　　曾經的好友給我提供幫助，讓我尋找到了一條最便捷的途徑 ── 掙脫捆綁我自由的慾望，試著過樸素安靜的生活，

　　倚若你身上步滿灰塵，那麼恭喜你，你將很快得到美麗的棕櫚枝。[149]

　　　　　　　　　　　　　　　　　　── 賀拉斯

　　我十分了解自己到底有多少力量，我還認為這些渺小的力量根本做不成任何大事。我一直牢記已逝掌璽大臣奧利維埃的話，他是這麼說的：「我把法國人比喻成猴子，牠們生活在樹上，從這根樹枝爬到那根樹枝，一直不停地向上爬，直到爬上最高的那根樹枝，然後把自己的屁股對著其他的猴子。」

---

[149] 原文為拉丁語。

自命不凡

膝蓋發軟是因為頭上壓著讓我們喘不過氣的重物，它是不光彩的，於是我們只好將它重新放下。[150]

—— 普羅佩提烏斯

我與生俱來的完美品格，在這個世界上實際起不了任何作用。我生性溫柔隨和，卻被人說成懦弱無能；心懷信仰和善良待人，被人認為是無知迷信和膽小謹慎；坦白直率和嚮往自由，又被視為不自量力，遭人嫌棄。但是，塞翁失馬，焉知非福。實際上，我們應該慶幸自己生存在如此混亂的世界，因為這樣我們就不必絞盡腦汁去做比別人優秀的人，我們本身就已經比其他人略勝一籌了。在我所處的年代，只要不違反孝順，不故意殺人，尊敬神明，你就是一個正直、善良的人：

> 現在，如果一位朋友坦言承認你在他那裡所存的錢，
>
> 倘若他把舊錢包交還給你，
>
> 裡面還放著他那些銅綠色的硬幣，
>
> 這樣的忠實可靠簡直令人難以置信，
>
> 值得世人歌頌，應被記載在伊特魯立亞人的古籍上，

---

[150] 原文為拉丁語。

還應該殺一頭戴花冠的羊來進行祭獻。[151]

—— 尤維納利斯

在過去，不管是哪個國家，國王們並沒有因為仁慈或公正而得到任何肯定和感謝。倘若我沒有預計錯誤的話，只要他們試著採取這樣的方式來虜獲民心，這是完全可行的，甚至會比其他做法都來得穩定牢靠，所鑄造的成就自然會超越其他君主。我從來都不認為暴力和強制手段是唯一的治國方法，雖說很多情況下我們不得不這樣做。

我想很多人都應該和我一樣認同這一點，王公貴族不見得任何事都做得來，他們在力量、勇氣還有軍事知識方面根本比不上商人、手工業者或者法官。無論是單打還是團隊戰鬥中，後者都表現得十分英勇，在我們國家內部矛盾激發時，就是他們保住了我們的城市。他們獲得了至高的榮耀，相反，君王已喪失民心，威信全無。我所處的時代，實在太過缺乏正義、道德、真實、節制，不僅沒人認同，反倒還受人們唾棄。我們只有尊崇民意才能獲得絕對的君主權，至於其他那些都是次要的，不被人接納，即使它再好，無人需要一樣實現不了價值，因此，我們首先就

---

[151] 原文為拉丁語。

要擁有這些正直的品德。

> 一切所有都不及仁慈那般深得人心。[152]

—— 西塞羅

我自認為，在這個時代沒有多少人能比我更偉大、更不同尋常了，但與過去那些世紀的人們相比，我就變得微不足道、相形見絀了。在過去的世紀裡，倘若沒有其他值得人們讚賞的品格，那麼，穩重的人惦記著報仇，懦弱的人對別人的辱罵懷恨在心，虔誠的人遵守自己的諾言，沒有人口是心非，沒有人見機行事，沒有人會為了別人的臉色或事情的進展改變自己的初衷，這都是習以為常的事。我寧願接受所有事情都遭到失敗，也不願意為事情的成功而放棄自己的信念，因為我見多了虛假的偽善，對此我極為痛恨，在所有的惡習當中，我覺得沒有哪種會比此更加卑鄙無恥。卑躬屈膝的行為，使得人們用假面具來遮擋自己的真性情，讓別人無法辨清自己的真面目。而這樣，我們同時代的學到了不好的習慣 —— 背信棄義：他們被現實的逼迫弄得不會說真話，就算說了無法兌現的話，也不會因此受到良心的譴責。一般心靈高尚的人是樂於讓人們

---

[152] 原文為拉丁語。

知道自己的思想，不會隱瞞通往他心靈的道路。他可能什麼都好，至少他充滿人情味。

　　亞里斯多德就曾說過，靈魂的高貴就在於毫不忌諱地說出自己的愛和恨，能理智直率地判定一件事，永遠追求真理，經得起任何考問和反對意見。

　　阿珀洛尼厄斯還說，欺騙是下等人會做的事，誠實是自由群眾所做的事。

　　誠實是構成美德的首要基本條件。我們必須在心中就對美德產生愛意。實誠的人，是因為他迫於客觀原因不得不那麼做，或者能在其中獲取一定的利益。真正善良老實的人，不是那些在無關緊要的情況下善於說謊的人。我自身無法接受說謊，甚至一接觸便會覺得特別厭惡。

　　我有一種廉恥之心，倘若我有時不由自主地說了謊話，我就會備受良心的譴責。謊話有時還是會說的，當然，除非我遭遇什麼意外情況，立即做出的反應無法經過一番仔細考慮之時。

　　視情況而定，我們並不需要每時每刻都把自己的想法全盤托出，這種做法是無比愚笨的。但是，請牢記一點，一旦開口，請保證你的話語是出自你的內心，而非帶著目的地說。我並不理解那些以欺騙為業的人，他們到底能從

中獲得什麼。依我看來，他們所能獲得的唯一好處就是即便他們說了真話，也沒有人會相信他們。說謊的限度應該只在兩次之內，但是當他們每天被自己的謊言圍繞和矇蔽，還因此而揚揚得意時，那我就要借用歷代君主的言語——古代馬其頓的梅特盧斯的話：「倘若他們的襯衣有思想有靈魂，知曉他們的一切所作所為，那麼襯衣的下場必定是被扔進火堆。」他們還認為，倘若你不會故弄玄虛，就不是一位懂得統治管理的君王——這就完全暴露了自己，明確地告訴同他們交談的人，接下來我要說的話全都是假話。「倘若你丟失了誠實，變得越來越圓滑和機敏，你就越讓人感到後怕和厭惡。」[153]至於像提比略那樣表裡不一的人，你若相信了他的面目表情或他說的話語，那也只能怪你自己太過單純。此類人所說的話一概不能信。我時常感到無法理解，這樣的交談又能從中獲得什麼呢？

倘若你無法尊崇於誠實，那麼你對謊言也是如此。

如今，評判一位君主的職責僅僅著重於他單方面的成就——如何使國家獲利，至於那些他為維護自身的信義和無愧於良心所做的努力往往被人忽略不計。這種人說的

---

[153] 原文為拉丁語。西塞羅語。

話並非完全不可信，但他們的這種建議一般只適合那些生來就要靠謊言支撐自己權威的君主。可實際情況並非如此。締結或媾和某個條約，君王們往往採取的都是欺騙手段。他們在利益的驅使下做出第一件言而無信的事（利益總讓我們做盡各種壞事：為了某些所謂的好處而褻瀆聖賢、殘暴凶殺、叛亂背叛等），就會給他們造成無數的困擾，他的忘恩負義可能使他破壞了自己與鄰國的友誼，失去了今後達成共識的所有可能。蘇萊曼[154]就是一個典型的例子，他從不遵守諾言，也不遵守條約。在我很小的時候[155]，他帶兵侵入奧特朗托海峽，得知梅爾庫里諾·德·格拉蒂納爾和卡斯特羅的民眾放棄這塊領域並舉手投降後，被當作俘虜扣押了起來。這已經觸犯了當初投降的條件，他立即下令將他們釋放，原因很簡單，他還需要繼續利用這個地區，雖說這件事可能違背了諾言，表面上看是可以獲得相當大好處的，卻會給他帶來極壞的名聲，導致別人無法再信任他，這樣的損失相當慘重，十分不值得。

在我看來，我寧願做一個令人生厭、可以有什麼就說什麼的人。我鄙視那些心機很重且只會阿諛奉承的小人。

---

[154] 指蘇萊曼一世（Suleiman I，1494-1566）。

[155] 此事發生在 1537 年。

自命不凡

　　我認同這一點，倘若一個人毫不理會別人的情面，表現得太過真誠和直率，其中肯定夾雜著自傲和固執的成分。因此我發覺，我變得過分撒野，而且這樣的狀況在嚴肅的環境下也無法抑制，倘若非要我收斂，我則會渾身不自在且相當鬱悶。我是思想單一的人，做事從不曾顧慮其他，所以通常情況下都是自主行事。即使是和大人物交談，我也毫不拘謹，暢所欲言，完全和家人說話是一個狀態，我意識到這是十分失禮的行為。可是，我左右不了自己，與生俱來的性格注定了我的思維不夠靈敏，無法圓滑地處理事情，八面玲瓏對我來說十分困難，而且我也不懂得撒謊，也不喜歡撒謊。我記憶力差，根本就無法記住自己說過的話，再說，我也沒有十足的自信來肯定這件事。總之一句話，我既軟弱也勇敢。所以，我生活得極其自如，有什麼說什麼，這是我的個性，也符合我的思想，我把自己的一切都交付於命運。

　　阿里斯蒂帕斯曾說：「現在我可以毫不避諱地與任何人說話，並且相談甚歡，這就是哲學給我帶來的唯一好處。」

　　記憶力對人們來說，是一種用處極大的工具，它教會人們怎樣才能做出正確的判斷。可是我記性差，倘若你要與我交談，就不能長篇大論，必須一段一段地說，我對一

段包括許多內容和含義的話根本無法應答，對此我無能為力。倘若我要完成一件事，必須提前記錄。一旦我要發表文章，就得靠死記硬背，否則我會顯得特別不自然和不自信，我總是瞻前顧後，生怕自己出錯丟臉。然而，這樣的方法對我來說也是十分困難的。背三行詩，我往往要花三個小時以上的時間；再者，倘若涉及我自己的作品，我就會大量地修改：變動文章段落順序，變更詞彙、替換內容等，如此一來，我就更難記住自己的作品了。我越是不信任自己的記憶力，記憶力就會越下降；反之，當我不去刻意地記住它時，記性反倒會變好，所以我總是保持著一種漠不關心的態度向它求助，我不能逼迫它，那樣它只會搖擺不定，倘若那時我再施加壓力，它就會變得異常混亂；它隨自己的心情為我工作，而不是依照我的需求來服務於我。

　　這樣的看法，除了記憶力，在其他許多方面也都行得通。我從不願意肩負重任，也不願意忍受別人的指責和束縛。如果一件事情是我不費吹灰之力就能辦到的，一旦身旁有人逼迫我，我則會毫不猶豫地丟下。我發現自己的身體也是如此，只要四肢稍微發揮一點它的自主性，在我需要它們為我效勞時，它們就會變得特別不聽使喚。一切強

制性壓迫和飛揚跋扈的命令讓它們十分反感：它們只會因畏懼或不滿而毅然罷工，並變得無動於衷。一次，我參加一個朋友的聚會，即便大家都說我可以隨著自己性子來，可我還是入鄉隨俗，儘量滿足在場所有女士的要求，把自己扮演成一個品性良好的酒友。可我在其中卻發現了極有意思的事：相比失禮的危險，要我做到完全不管不顧自己的習慣和酒量去灌酒，這是我無論如何也做不來的，因此，我連本身在吃飯過程中要飲完的酒也變得無法入喉了。我想像自己一直在狂飲，所以最後我像喝多了酒一樣酩酊大醉。人的想像力越豐富、越徹底，自己的雙眼就越會被矇蔽，這並不是多麼罕見的事，相反，這十分自然，我相信每個人都有過類似的感受。以前，有個優秀的弓箭手被判處死刑，可是國王同時下令，只要他能展現出自己精湛的射箭技術，便可以免他一死。可他最終還是放棄了這個機會，因為他沒有自信，過分擔心自己會因為緊張而手抖，那樣，他不僅難逃一死，還落下一個蹩腳射箭手的名聲。一個人在固定的地方散步，一旦他認真思考某件事時，就會用同等距離的腳步和時間來完成之前走過的路程，可一旦我們對此有所意識，並想方設法計算自己的腳步時，就會發現，無論多麼努力，已經完全無法做出不經

意間的各種舉動了。

　　位於我屋子一角的書房，是整個村莊最美麗的書房之一。但是，一旦我要去那裡查閱資料或編寫文章時，總要提前把計劃告知僕人，倘若不這樣，在穿過庭院去往書房的路上，我就會想不起自己到底要去做什麼。如果我一心二用，邊講話邊想事情，那麼結局肯定是我兩邊都沒顧上。所以，跟我說話是件枯燥無趣的事，我總是表現得十分拘謹。我是這樣稱呼自己的僕人的 —— 用他們的職務或出生地點來命名，不然我無法深刻地記住。我可以這麼形容，名字中有三個音節，並且不怎麼上口，也不管它是以哪個字母開頭或結尾。我並不覺得有一天我會健忘到記不起自己的名字，即使以後的時光再冗長，我也會一直記得。梅薩拉·科爾維努斯在整整兩年中完全喪失了記憶，有人說特拉布松的喬治也是如此。我很納悶，他們在那段時間究竟過的是什麼日子，如果換作我，我能忍受嗎？我不敢深究這個問題，我有些害怕，畢竟我的記憶力如此之差，它一旦惡化，我的精神活動將全部喪失，不復存在。「當然，記憶不僅包含著哲學，還包含著所有的科學及其在生活中的應用。」[156]

---

[156]　原文為拉丁語。西塞羅語。

 自命不凡

> 四處都充滿著流失，因為周邊全是大大小小的洞口。[157]

—— 泰倫斯

我多次忘記自己在數小時前傳達出去的通知或接收到的口令，我也記不起自己的錢包放在哪裡，西塞羅的話[158]我也時常忽略。記憶是儲存知識的器皿，可是我的記憶力極差，無法擁有浩瀚的知識，也就不多加抱怨了。總而言之，我知曉全部學科的具體名稱及其研究對象，至於其他就一無所知了。我閱讀書籍，卻從不深究；倘若有什麼東西停駐在我的腦海裡，我也不知道它是不是別人的；唯一的好處可能就是，我的智商得到了拓展和想像的空間。那些作者、地名、詞彙和其他簡述，在我讀過的下一秒就會忘記。

我想，我記憶力不好這個缺陷已經無人能敵了，我連自己寫過的文章都會沒有一點印象。我甚至發現不了別人有沒有在他的文章裡插入我的話語。倘若有人向我提問，我的作品中引述的詩句或例子出自哪裡，通常情況下我都無法作答。不過，我只在優秀的人物面前乞求這樣的施

---

[157] 原文為拉丁語。

[158] 西塞羅曾說，老人總是不知道自己把錢包藏在什麼地方。

捨，我毫不滿足於他們的慷慨大方，我希望他們向我伸出來自富裕和體面的手，因為明智往往是和權威並存的。因此，我記不起我寫的東西，也無法記住曾經讀過的東西，但我的作品會承載著許多我閱讀過的精華。忘記我給予的東西，也忘記我獲得的東西，這其實並不奇怪。

除了記憶力不好之外，我還有一些缺點，它們讓我變得特別愚蠢和無能。我反應遲鈍，一旦光線不明亮，就會看不清楚身邊的事物。所以，我從來不去糾結那些永遠得不到答案的謎團，就算它並不困難，我也不會費一絲精力破解。我討厭一切動腦筋的事。因此，那些需要冥思苦想的遊戲，譬如國際象棋、紙牌遊戲、國際跳棋等，我都只是了解最基本的規則。我接受能力不強，可一旦接受就會牢牢抓住，並要從各個角度、各個方面確切而深入地研究一番。我目光敏銳、視野全面，可我無法很長時間保持良好的工作狀態，總是會出現這樣或那樣的問題，也正是這個原因，我不能長久地閱讀，很多故事只能透過他人之口來獲悉。小普林尼（Pliny the Younger）[159]向有這方面缺陷的人說過，倘若你的工作是此類性質的話，那麼克服這種

---

[159] 小普林尼回憶說，大普林尼使用一名朗讀者和一名祕書來摘錄書中的語錄和做筆記。

障礙是你首先就要做到的事。

　　不管一個人多麼低賤和無能，身上總會有一處發光點；也不管你把自己的優點隱蔽得多麼深藏不露，總會被人挖掘出來。人們對一件事情不聞不問、漠不關心的同時，會對另外的事件噓寒問暖，表現出絕對的關注，至於原因，我想只有老師才能為我們解答吧。不過，真正正義善良的人，是邏輯清楚、不迂腐不陳舊的人，是隨時做好一切準備的人，即便他們沒有強勁的文字功底，也極有可能成為一名優秀的文學家。我由此來指責自己，出於我的膽小和掉以輕心（掉以輕心是我一直無法忍受的缺點，它充斥著我的整個生活，不管是當下正在發生的事，還是未來將要發生的），我根本無法獨立完成一件事，甚至無法對日常所見的事物做出正確的認定，而這樣東西是連傻子都能辨認出來的。由我詳細舉例來說明。

　　我自小生活在農村，並在那裡度過了人生相當長的一段時間，我瞭解各式各樣的農活。當我繼承自己的家族產業後，我發現自己其實什麼都不會：我不懂什麼叫籌碼計算，也不會用筆計算數字，甚至很多錢幣我根本都沒見過；只要長相類似的穀物，我就無法辨別它們；究竟身處田地還是穀倉，也常常讓我摸不著頭腦；我甚至不知道自

己的果園種植的是甘藍還是萵苣；主要的農具我也說不上名稱，基本的農業知識我還不及小孩了解得深刻。那些技術更加深奧的機械品種、商務談判以及各類商品的特點，如水果、葡萄酒還有肉的種類，我都無法講述清楚；動物生病了我也察覺不了，更別說醫治了。我出糗出得極為徹底，一個月之前，就有人看穿了我，做麵包時，我根本不知道酵母是做什麼用的；葡萄酒發酵的原理我也一無所知。很久以前的雅典，他們所謂的邏輯思考者，就是能把各種複雜且繁亂的條理理順並靈活運用的人。因此，人們對我做出了與之完全相反的結論：即便廚房有滿滿一屋的食材，我依舊無法自己動手做出可口的食物，我只能一直餓著。從我自述的缺點中，人們還可以不費力氣地發現我更多其他的缺點。然而，無論我試圖將自己定義為何種類型的人，只要我對自己的評論不弄虛作假，就事實而言，我就滿足了。我鼓起勇氣記錄下這些無關痛癢的事，卻又不做出道歉，原因只有一個：我並不認為它有多麼重要，對此我根本不屑一顧。有人指出我計劃中的不足之處，我並不會生氣，對我來說這無關緊要，但你絕對不能試圖指責我完成這一計劃的方式。其實我十分清楚，無論有沒有指明，我所說的話都產生不了任何作用和意義，我甚至也

能看出自己項目的荒誕之處。這恰好說明，我的判斷力還有待提高，這些文字就是它的表現：

　　願您的嗅覺盡可能完美，

　　讓您的鼻樑高得連阿特拉斯（Atlas）[160] 也不想擁有，

　　讓您用自己的幽默使拉丁努斯（Latinus）[161] 刮目相看，

　　對於這些小事，您的描述不能比我說過的還壞。

　　咬牙切齒能有什麼用？

　　要有肉才能填飽肚子。

　　您別白費力氣：把您的惡言留給自我欣賞的人們；

　　這裡您找不到自己的食物。[162]

—— 馬爾希埃

　　我不說愚笨的話，並不代表我不會，只要我沒有弄錯其中的意義。倘若有所分歧，故意弄錯，這也是司空見慣的事，一般在這種情況下我才可能出錯：一切偶然的原因是不會讓我弄錯的。而我把這種錯誤的行為歸咎於自己的莽撞個性，沒什麼大不了，因為我無法把自己違背良心的

---

[160] 阿特拉斯是希臘神話中提坦巨人之一。

[161] 拉丁努斯是古羅馬傳說人物，據說是代表拉丁族的英雄。

[162] 原文為拉丁語。

事也歸咎於這一原因。

在巴勒迪克[163]的一天，我看到有人為了紀念西西里國王，特意將勒內的自畫像獻給國王法蘭索瓦二世。我在思考，為什麼不是每個人都可以用羽毛筆給自己畫像呢？勒內不就做到了嗎？他是個很好的榜樣，我們應該效仿。

我並沒有想要逃避自己的另一個缺點——猶豫不決，我明白這在討論重大事務中是個多麼嚴重的錯誤。一旦我發現事情有所不對，就無法做出正確的判斷：

我無法做出任何決定，不管是表示認同還是反對。[164]

—— 彼特拉克

我可以做到忠於一種觀點，卻無法選擇觀點。

事情的原委就是，不管是生活還是工作上，我們的意識較為偏袒哪一方，我們都可以為各種觀點找出成千上萬種理由（「我只想從芝諾（Zeno of Elea）和克利安特斯兩位老師身上學習到最淺層最基礎的原理，其他的請讓我自己來發現和挖掘」，這是哲學家克里西波斯說過的話）。所以，無論我站在哪個角度想問題，總能找出許多理由和

---

[163] 巴勒迪克是法國東北部默茲省省會，10 世紀起先後為伯爵領地和公爵領地首府。

[164] 原文為拉丁語。

依據,以此來捍衛自己的想法。由此我一直處於搖擺不定的狀態,這樣滿好,起碼我是自由的,怕就怕有一天形勢會逼我做出某種抉擇。我不怕承認我總是無法自行其是,難以果斷地做決定,因此更多時候我都是順其自然,隨波逐流,一切聽從命運的擺布,一旦有所變動便會立即轉變方向,

當思想猶豫不決時,極輕的分量也會讓它倒向任意一邊。[165]

—— 泰倫斯

我經常會用抽籤或擲骰子的方式來結束我搖擺不定的狀況;為了對人類的弱點進行更好的辯解,我找到了神的歷史留給我們的一些故事,在這些故事中,任憑命運的擺布和偶然的安排,這是所有人面對猶豫時會做的事情:「於是眾人為他們搖籤,搖出馬提亞來。」[166] 理智就像人們手裡的雙刃利劍。你們可以想像,一根棍子在它最可靠親密的朋友蘇格拉底手中到底有多少個頭。

因此,我很容易跟隨別人的腳步,被他人的思想帶

---

[165] 原文為拉丁語。
[166] 原文為拉丁語,引自《聖經·使徒行傳》。

走。我不夠信任自己的力量，不能靠它來指揮和領導自己；相比之下，我更樂意跟隨別人的腳步往前走。如果遇到難以決定而又十分關鍵的選擇，我情願相信對自己的看法更有自信的人，我會按照他的方法執行，而不去管自己的看法，因為我的觀點沒有可靠的依據和可以信賴的背景。但是，我不會輕易轉變自己的看法，因為別人那些獨特的看法也有它自己的弱點。「對一切都予以贊同的習慣是危險和不理智的習慣。」[167] 尤其是政治上的看法會引起普遍的反對和爭論：

> 因此，當天平兩端的重量相同時，
> 任何一邊都不會上升或下降。[168]

—— 提布盧斯

　　這就像是馬基維利，他在論述主題時具有十分明確和充足的理由，但要是對他進行一番駁斥，也並非一件難事，而推翻那些對此駁斥過的人們的論據也並不困難。因為，對於任何一個論據，都可以尋找到千百種理由來加以反駁，而針對用以反駁的論據又會有新的論據產生，對之

---

[167]　原文為拉丁語。西塞羅語。
[168]　原文為拉丁語。

前的回答又能得出新的答案來，倘若我們吹毛求疵，只會使這場辯論無休止地繼續下去，或者極有可能引發一場官司，

> 我們遭遇敵人的襲擊，就堅定地予以還擊。[169]

> —— 賀拉斯

不管是何種理由都要以經驗作為依據，而發生在人類社會的多種多樣的事件，為我們提供了形形色色的例子。在這個時代，有一位很有學問的人說過，我們可以從相反的角度來解讀，比如說，曆書中說的酷熱的地方可以用寒冷來理解，乾燥的地方可以用潮溼來理解，總之，與曆書的預測要反過來去理解，那些喜歡打賭的人，可以隨隨便便就為了某些事情打賭，只要不是那些不具可能性發生的事情，譬如，不要說聖誕節會酷熱萬分，聖約翰節[170]會十分寒冷，等等。我認為，在對待政治上的某些問題時也可以如此：不管你在問題中處於哪個立場，只要不違背最基礎和最明顯的原則，你的辯論會和你的對手一樣精彩出色。另外，我還認為在處理公眾事務時，定下的規矩無論

---

[169] 原文為拉丁語。
[170] 聖約翰節在 6 月 24 日。

有多麼不好，只要禁受得住時間的考驗，就會比頻繁的變動和創新要來得更穩定。現在的風俗十分腐敗，而且絲毫沒有停止繼續壞下去的腳步；在我們的法律和習俗當中，有許多十分粗俗的、聳人聽聞的條例；另外，我們沒有能力去改變自己的狀況，也無法避免社會動盪的危險，如果可以，我寧願釘住我們社會前進的車輪，讓它停止下來，不再滾動：

> 我們從來不會說這是卑鄙無恥的行為，
> 因為沒有什麼行為比這要更加可惡。[171]

—— 尤維納利斯

我認為，不穩定是目前所有狀況中最糟糕的事情，我們的法律已經變得像平日的著裝一樣，沒有固定的形式可言。指出國家制度中有缺陷是很容易的事情，因為任何事物都不是完美存在的；人們藐視陳舊的習俗，也是一件稀鬆平常的事，而且這種事情很容易做到；但是，要想嘗試在摧毀舊的國家制度後建立起更好的、更完善的國家制度卻並非如此簡單，很多人都嘗試過，但最後都以失敗收場。我並不認為我的一切所作所為都是小心謹慎的，但我

---

[171] 原文為拉丁語。

的言行舉止絕對合乎社會公共秩序。人民的幸福來自於他們不用去考慮這些指令下達的原因，所以他們覺得完成指令並不是什麼難事，而他們比那些下達指令的官員做得還要好，他們聽任於別人對他們的安排。真正善於思考和辯論的人，並不會像他們那樣無條件妥協。

總之，倘若說我的優點，那麼我唯一感到自豪的優點就是，我有別人沒有承認過的缺點：我給予自己的評價非常普通，每個人都可以有這樣的評價，而這樣的優點像整個世界一樣陳舊，因為沒有人曾認為自己不夠聰明。這是一種十分矛盾的現象，就好比，愚笨本是一種缺陷，但倘若有人看到自己有這樣的毛病，那他往往不會有這種缺陷；這種缺陷十分頑固，可以說根本無藥可治，但只要自己有所察覺，就立刻可以被治癒，就像是強光從層層濃霧中一穿而過。批評自己其實就是原諒自己；給自己定罪就是赦免了自己的罪行。我還從沒發現任何一個女人或小偷認為自己不夠聰明。我們會很大方地承認別人在勇氣、體力、經驗、才華和美貌方面超越自己，但是，我們對自己的判斷力相當有信心，並不會認為自己的判斷力比別人差。看到其他人得出所謂精闢的見解，我們會認為，只要條件充足，朝著這個方面思考，我們也就會得到相同的結

論。我們從他人的作品中讀到的見解、學識和其他優點，如果的確在自己之上，我們很容易就會辨析這一點。但是，智慧的產物不能一概而論，人人都認為自己會得出相同的結論，但倘若他同它們之間不存在無法跨越的鴻溝，他就很難意識到它們的重要性和艱難。因此，對於這種工作，不應期許自己從中獲得多少名聲和榮耀，這種寫作不會為你帶來任何你想要的知名度。另外，你寫作的目的是什麼呢？那些大師學者評價書的標準是看知識是否淵博，我們智力所創造出來的東西都是具有知識性和藝術性的。倘若我們把一個西皮奧當作另一個西皮奧，那麼我們還可以看到那些有意義的話嗎？在他們的看法中，不瞭解亞里斯多德就等於不了解自己。低賤的和粗魯的人領會不到高雅和精緻的議論的重要和優美。但是，我們的世界到處都有這樣兩種人。至於第三種人，實際上你已經把自己交付於那一行列中去了，他們正直，有實力，但這樣的人似乎十分罕見，因為我們那兒不在乎聲名或地位，所以要想取悅他們，會將大部分的時間白白浪費。

　　人們不會抱怨，因為在大自然賜予我們的恩惠中，個人智慧是最公正的，因為極少有人對自己所得的那份不滿意。這樣不是很合理公正嗎？誰要是不滿足於自己體驗的

事情，想要看得很遠，那麼他就超出了自己的眼觀所能及的地方。我認為自己的觀點是合理正確的，但是，有誰不是這麼認為的呢？我可以證明，我並沒有過高地評價自己，因為倘若我的觀點沒有信服力，它們就很容易在感情的干涉下對自我產生不真實的看法，我幾乎把所有的感情都傾注於自己身上，沒有在其他地方浪費一點。大部分人很多時候做的事都是為了在朋友和眾人中獲得聲名榮耀，而我只在意我心靈的舒適和安寧。倘若有人說我有時候也會在乎其他的事情，那並非出自我的本意，

因為我要活著，還要有完好的身體。[172]

—— 盧克萊修

至於我對自己的評價，我認為它們在肆意妄為、堅持不懈地攻擊我的弱點和缺點。的確，就像我對其他每件事情作出判斷一樣，這是我提高自己判斷力的一種方法。人們經常觀察別人的一舉一動，可我卻更喜歡把視線停留在自己內部，讓目光長久地在內心深處巡視。大部分人把目光放在遠處，而我只看到自己的內心：我也只會與自己打交道，總是審視和觀察自己，對自己進行探索和體驗。其

[172] 原文為拉丁語。

他人就算想到了這樣的方法，也未必會這樣做：

　　沒有誰會對自己的內部感興趣。[173]

　　　　　　　　　　　　── 佩爾西烏斯

　　而我，在自己的身體裡面游來游去。

　　無論我擁有多少追求真理的能力，能讓我不放棄追求真理的信念主要還是歸功於我自己，因為那些想法就像與生俱來的一樣長在我的骨子裡，根深柢固，完完全全只屬於我自己。在它們誕生之際，還尚未成形，而產生它的方式不僅有力，且十分大膽，這些雛形還未完善，模模糊糊，看不清楚；而後，當我完全確定並相信了這些看法，這全是依靠我所信賴的學者們，還有與我相同看法的古人的論斷。他們讓我信任自己的立場，並堅定不移地遵守和堅持自己的看法。

　　所有人應該都期望自己活躍的思維可以受到他人的稱讚，而我更想別人誇獎我的思想嚴密且謹慎，無論我有多麼驚人的能力，或者做出什麼值得注意的行為，我都希望人們表揚的是我端正、和諧和穩健的看法和品行。「倘若有人評判什麼是最美的東西，那麼當之無愧的就是整個

---

[173] 原文為拉丁語。

一生和一切行為中所具有的穩定性；但是，倘若你為了模仿別人而拋棄自己原有的特色，你就不能算是擁有了穩定性。」[174]

　　以上我所說的這種表現，是自命不凡中的第一種惡習，從這裡我可以看見，自己在這方面犯下了巨大的錯誤。而第二種就是對他人的評價過低，我不得而知我是否有充分的證據來證明自己從未犯過這種錯誤。而且，對於任何事情，我都會給出自己最實事求是的說法。

　　也許是古人的智慧給了我很大的幫助，他們充實的靈魂讓我對別人和自己都感到厭惡，也許是我們存在於這樣一個平庸的年代，注定了只能生產出平庸的東西，所以我看不到值得讓我大加讚賞的東西。的確，我對於人類知之甚少，不能就這麼對他們妄自評判；而我處在自己的地位上所接觸到的那些人，大部分都並不重視自己的修養內涵和文化底蘊，因為在這些人的眼裡，最大的成就感就是得到他人的尊重和愛戴，最完美的品德就是表現勇敢。我會在看到別人的優點時立刻表示讚揚，並十分樂意給予他好評，常常還會給予他過高的評價，即便這算作一個小小的謊話，並不全是自己的想法，但我絕對不憑空捏造。我只

---

[174]　原文為拉丁語。西塞羅語。

說我親眼見到的東西。我會輕鬆愉悅地告訴我的朋友們，在我眼裡，他們值得稱讚的地方有哪些，倘若他們的長處有一尺，我便會將其說成一尺半。但是，我不會對他們不具備的品格加以讚揚，也不會為他們身上的缺點包庇或辯護。

即使是敵人，我也會不帶感情色彩地進行評價。我的感情或許會隨時發生變化，但是我的評價卻不會輕易更改。我不會將自己的糾紛與其他不相關的事情混為一談。我極力維護我思想的自由，不會為了任何喜好而將這種自由放棄。倘若我撒了謊，那我對說謊對象的指責還沒有超過對自己的責備。我們都知道，波斯人有一種慷慨大方的習俗十分值得稱讚：他們不會放過自己的敵人，但是在談論這些敵人時，他們也從不出言不遜，而是十分公正地對他們進行評價，就如同在談論自己的美德一樣。

在我所認識的人當中，每個人都有各種各樣的優點：有的人聰慧，有的人善良，有的人機靈，有的人正義，有的人能言善辯，有的人博學多識，有的人則有其他某些優點。但是，從整體上可以說是偉大人物的，同時擁有各式各樣的優點，或者某種優點十分突出，讓人欽佩不已，可以和備受人們尊崇的古人相提並論的人，我暫時還沒有遇

見一位。我活到現在，遇到的最偉大的人要算是埃蒂安納‧德‧拉博埃西了，他的天賦和才能令人讚嘆不已；他所具備的優點的確是非常之多，而且不管從哪方面來看，都能體現出好的一面；他和古人一樣擁有許多特點，倘若命運稍微偏袒他一點，他很可能就會做出轟轟烈烈的大事來，因為他的天賦和才能在科學研究領域大大地發揮了作用。但是，我無法想到怎會有這樣的事情發生。（然而，事實的確這樣發生了）有些人為了汲取更多的知識而學習，同書籍打交道成為他們獲得知識的手段，並從事學術著作或與寫作相關的職業，但是，這些文化人在思想上的弱點和骨子裡的虛榮心，比普通人還要明顯。

　或許我們對這些高級知識分子有更高的要求和標準，無法接受他們和普通人一樣的弱點，或者是因為他們自視過高，不在乎將這樣的缺點外露，甚至還擺出一副揚揚得意的模樣，殊不知，這樣的態度對他們的形象造成了極大的影響。就像手工藝者，在對待極為珍貴的材料時，要比對待普通材料時更容易讓人看出他們的缺點：倘若金雕存在瑕疵，那麼人們會比看到石膏上的瑕疵更為生氣。許多人本身展示出來的東西並不惡劣，擱在它原本的位置上也是好的，可偏偏對它們的使用不恰當，選擇不慎重，也不

加以限制，還誇誇其談得讓人無法理解。他們對西塞羅、蓋倫、烏爾比安（Ulpian）[175] 和聖哲羅姆（Jerome）[176] 的稱讚，讓自己變得更為愚蠢和滑稽。

我還想再來談談教育領域的荒謬之處。教育的目的已經不再是把人們培養成品德善良、思想聰慧的人，而是把人們培育成博學多識的人，它做到了。它不是教我們行善和謹慎這兩個詞，而是教我們懂得這兩個詞的來源和含義。我們學會了行善這個詞的詞格變化，卻不知道要如何運用；我們不能從自己或是他人身上看到什麼是謹慎，但是我們懂得了謹慎的詞義並將其牢牢記在心底。對於住在我們隔壁的鄰居，我們不單要了解他們的親朋好友、家庭背景和聯姻關係，還要與他們成為朋友，變成良好的親密關係。它讓我們看到了行善的表現，掌握了行善的意義和種類，就像家族的族譜清清楚楚地記載著每個分支、每個姓名一樣，但它並不在乎也沒有教我們如何與行善之間建立良好的關係。它為我們挑選的書籍並不是最靠近真理、

---

[175]　烏爾比安（Ulpian，? -228），古羅馬法學家和帝國官員。他的著作為拜占庭皇帝查士丁尼一世（Justinian I）的不朽之作《學說彙編》提供了三分之一的材料。

[176]　聖哲羅姆（Jerome，347-420），早期西方教會中學識最淵博的教父，將希伯來文《舊約》和希臘文《新約》譯成拉丁文。

最正確的，而是將希臘文和拉丁文寫得最好的書籍，它企圖透過這些華麗的辭藻，向我們灌輸一些思想的垃圾。好的教育可以改變人們的態度和習俗，波萊蒙就告訴了我們這個道理。他原本是一個不學無術、行為放蕩的希臘青年，一次偶然的機會，他聽了色諾克拉特的講課後，不僅對這位哲學家的才華和雄辯術頗為欽佩，更是帶回了許多有意義、有價值的知識，除此之外，他還徹底改變了自己過去的生活方式和行為作風。我在想，不知道還有誰能像他一樣，感受到教育所帶來的震撼呢？

波萊蒙改邪歸正之後所做的一切，你是否也會去做？你是否會拋棄那些天馬行空的標誌，那些虛華的飾帶、坐墊和領結？

有人說，波萊蒙在飲酒之後，偷偷摘下了脖子上的花環，因為他聽到了滴酒未沾的老師的聲音。[177]

—— 賀拉斯

我們的社會看不起那些因為毫不掩飾的淳樸而位居末位的階級，但是他們的生活確實十分健康有序。農民的習俗和交談要比很多哲學家的習慣和言論更為符合真正的哲

---

[177] 原文為拉丁語。

學定律。「普通百姓是最明智的,因為他們的明智來源於自身的需求。」[178] 根據我一直以來遠距離觀察所得出的結論(因為若要依照我的方式來評價人們,就必須要更加靠近這些人),在奧爾良被殺的吉斯公爵[179] 和已故的斯特羅齊元帥,是在戰績和軍事知識方面最傑出的人物。擔任掌璽大臣的奧利維埃和洛皮塔爾,則是在學問和美德上最傑出的代表。我認為,我們的時代是詩歌繁榮的時代。這個時代誕生了許多優秀的詩人:多拉、貝札(Theodore Beza)、布坎南、洛皮塔爾(Michel de l'Hôpital)、蒙托雷烏斯和圖納布斯。還有那些用法語寫作的作家,我認為他們將文學提升到了一個難以抵達的高度,而龍沙和杜貝萊所擅長的那種詩體,我並不覺得他們的詩歌與古代詩歌有著很大的差距。阿德里安・圖納布斯與活在他那個世紀的所有人相比,都要懂得更多,也明白得更多。

不久前,阿爾瓦公爵(Duque de Alba)去世了,他跟我們的王室總管德・蒙莫朗西(Duc de Montmorency)一樣,擁有十分傑出和偉大的人生,而他們在命運上也極其相似。但是,後者死得既偉大又瀟灑,而且國王親眼看見

---

[178] 原文為拉丁語。拉克坦希厄斯語。
[179] 指法蘭索瓦・德・吉斯公爵(1519-1563)。

自命不凡

了他是如何英勇地為國捐軀的。像他這樣年紀大的總管，
統領一支勝利的隊伍，與自己最親的親人展開決鬥，並給
予對方如此之大的重創，就我看來，他的犧牲應被列為這
個時代最值得紀念的事件之一。

　　經驗豐富的統帥德・拉努先生是另一位值得我們深切
懷念的偉人，他生性仁慈、溫和，通情達理，雖然他成長
在兩個軍事集團肆意妄為的時代，還曾親眼看見過卑鄙無
恥的背叛和慘不忍睹的搶劫。我曾多次談論到我「精神上
的女兒」瑪麗・德・古爾內[180]的希望，我愛她勝過愛我
的親生女兒，在我隱退時，她已經無形中伴隨我左右，彷
彿是我身體的一部分，不離不棄。對於我來說，她十分重
要。在這個世界上，我唯一喜歡的就只有她一人。倘若我
能在年輕時期預見她的未來，那麼這位奇特的女子將來肯
定會做出一番非凡的大事來，我們的友誼也將會提升到更
加完美的高度。她的性格十分堅強，正是這種特質才使我
們的友誼更加堅定。我與她之間的感情，就像是相見恨晚
的知音，我遇見她時已經五十五歲了[181]，她只希望在我即
將離世之時，她不會太難過。她是這樣可愛的女子，這樣

---

[180]　古爾內（1566-1645），法國女作家，於 1595 年再版蒙田的《隨筆集》。
[181]　蒙田於 1588 年在庇卡底地區遇到瑪麗・德・古爾內小姐。

年輕有活力，而且生活在我們這個時代，卻對《隨筆集》第一卷有著獨特的見地和看法。她十分欽佩我、愛戴我，而且在她沒有遇見我之前，就對我十分欽佩了，這的確令人驚訝。

　　在我們這個世紀，其他的美德實屬罕見，或者說幾乎沒有，但在現在爆發的內戰下，勇敢變成了習以為常的事。在這一方面，我們確實可以找到幾乎趨於完美的人，而且這些堅定者的人數如此之多，要從中挑出幾個典型的事例也十分困難。

　　所以，迄今為止，我所知道、所了解的，超凡脫俗的高尚品格就只有這些。

 自命不凡

勇敢

對於一個沒有任何才華、滿身都是缺點的人來說，我認
為什麼事他都有能力完成，唯獨做不到條理、節制和堅定。

我憑多年經驗獲知，衝動突發的精神力量和穩定持久
的處世風格是完全不同的兩回事。我很清楚，人類無比強
大，正如人們判定的那樣，我們的力量甚至可以超越神，
因為，用自己的努力來保持一份沉著冷靜的態度，以神的
意志和自信來彌補人性的弱點，這比依靠本能達到這一點
更了不起。不過這是偶爾才會發生的狀況。在古代偉人的
英雄事蹟中，有時候會出現一些遠遠超越自然力的奇蹟，
不過它同樣只是曇花一現、轉瞬即逝。我無法領略到那種
將自己靈魂高高掛起的心態，以使自己抵達超凡脫俗的境
界，力求回歸到最原始、最自然的狀態。我們不過是一些
凡夫俗子，或許可能由於他人的一時激情，推動並鼓舞了
我們內心的潛能，在某種程度上使我們超越了自己。但是
這件事情過後，一切又會恢復死寂，我們甚至還來不及細
想，激情就已完全鬆懈了，可能不會徹底平息，但起碼回

不去之前的狀態了。因此，我們又變回了俗人，遇見玻璃杯破碎或者鳥兒遇害這種事，心裡都禁不住泛起漣漪。對於一個沒有任何才華、滿身都是缺點的人來說，我認為什麼事他都有能力完成，唯獨做不到條理、節制和堅定。

至於這個道理，智者說，觀察一個人平常的所作所為，不留痕跡地注意他每天的行蹤，這才是正確判斷一個人的方式和依據。

皮浪（Pyrrho），那個創立了一門十分有趣且以不可知為基礎學科的人。他實際上和其他真正的哲學家毫無區別，都是在想方設法證明自己的生活與觀點是保持一致的。他堅定地認為，人的判斷能力十分低下，根本不可能有機會產生何種傾向性看法，他願意把自己的觀點懸掛起來，任由它搖擺不定，在他的眼中，任何事物都無足輕重。傳說他總是一直保持一個姿勢和一種表情。假設他已經開始了演說，即使臺下空無一人，他也會把內容全部講完；假設他在走路，就算碰到障礙，他也毫不避讓，全靠他的朋友們在懸崖上、車輪下和其他事故中把他解救出來。因為，他的行為不能和自己的命題相衝突，所以恐懼或者躲避事物是不允許的；他認為，人的感覺並不可靠，根本無法做出正確的判斷。有時，他會忍住劇痛，殘忍地

割破自己的皮膚或者燒傷自己，連眼睛都不眨一下。

這些事，在心裡思索和規劃就已經很複雜了，要付諸實踐，那該多麼困難啊！不過，這並不是不可能做到的。像這種不同尋常的做法，他卻能堅持不懈、矢志不渝地使行動符合思想，並把它們逐漸轉化成自己的行為方式，做到這點就已經難以想像了。有時，我們偶爾也看見皮浪在家裡和妹妹激烈爭吵，當人們指責他並非對一切毫不在乎的原則時，他卻這麼回應：「怎麼了！難道我還需要讓無知婦孺來見證我的原則嗎？」還有一次，有人遇見他與一隻狗搏鬥，他對那人說：「人是無法規矩地遵循一條法律法規的；我們應該有所警惕，保持隨時作戰的可能性，前提是要付諸實踐，倘若無法做到，起碼也要在理性和口頭上體現出來。」

七、八年前，我家鄰村有一個村民（他至今仍然健在），他的妻子很愛猜疑，對他毫不信任，讓他忍無可忍。有一天，他終於爆發了，從田地勞作回來後，又見妻子像往常一樣嘮叨個沒完，便怒氣沖天，拿起手上的鐮刀，堅決地砍掉了令妻子十分不滿的是非根，一股腦兒朝她臉上扔了過去。

聽說，有個多情而活潑的年輕紳士，看上了一個十分

美麗的姑娘，經過堅持不懈的追求，他終於擄獲了女孩的心，但他最終還是絕望了，因為就在他大舉進攻時，卻發現自己軟弱無力。

他的生殖器已提前衰老，提不起一點力氣了。[182]

—— 提布盧斯

回到家中，他立刻割掉了自己的生殖器官，希望讓那冷酷無情、鮮血淋漓的犧牲品沖刷乾淨自己的深重罪孽。如果這是源於道德標準和宗教信仰的要求，如同希栢利（Cybele）[183] 的祭司們那樣，如此這般的崇高行為，我們又能給予什麼評價呢？

溯多爾多涅河而上，在離我家二十來里路的貝日臘克有一個婦女，因為她丈夫的個人因素，她被狠狠揍了一頓。之後，她打算尋死以離開她那生性憂鬱、粗暴且難以相處的丈夫。第二天起床後，她就像平日裡一樣自然地與鄰居聊天，在字裡行間留下了如何處置自家財物的遺言，然後她牽著自己妹妹的手來到橋上，與她輕聲告別；一切都發生得太過突然，沒有表現出任何異常和激動，她就一

---

[182]　原文為拉丁語。
[183]　希栢利為希臘神話中眾神之母。

頭紮進了河裡，最終被水徹底淹沒。值得一提的是，這個計劃在她的腦海裡足足醞釀了一個晚上。

印度女人的習俗與我們截然不同。她們的丈夫可以娶多個老婆，在丈夫逝世後，最得寵的那位將要自願為死去的丈夫陪葬。她們費盡一生的追求，爭風吃醋，用盡一切手段，最終贏來這個優待。她們全心全意地服侍自己的丈夫，為的就是能夠獲得他的歡心和寵愛，可是最終卻只能陪他一起去死：

> 火把剛剛點燃焚屍的柴堆，
> 蓬頭散髮的妻妾們一擁而上，
> 你爭我奪要做丈夫的陪葬。
> 失敗者感到體面掃地，無顏見人，
> 勝利者欣喜若狂，縱身躍入火中，
> 灼熱的玉唇貼在丈夫的嘴上。[184]
>
> —— 普洛佩提烏斯

如今有人寫道，他親眼見過這一習俗在東方許多國家尤為盛行，不僅妻子要和丈夫葬在一起，而且連服侍他們的奴婢丫鬟都要殉葬。具體的做法是這樣的：當丈夫去世

---

[184]　原文為拉丁語。

後，倘若妻子願意（但是很少有這樣的人），她可以要求兩三個月的期限來處理遺物。當到了要殉葬的那一天，她身著華麗的禮服，跨上駿馬，面露喜色，用她的話來說是前去與丈夫在另一個世界相會。她左手持一面鏡子，右手拿一把劍，在親朋好友和歡呼喜慶的人群簇擁下，浩浩蕩蕩地前往舉行儀式的場所。這是一個大廣場，廣場正中間有一個堆滿木柴的大坑。

男人的妻子來到廣場，被送上一個有三四個臺階的土丘，上面有許多美食享用。隨後，她開始跳舞歌唱，到了她認為做好準備的時候，就要求群眾開始點火。然後，她慢慢走下土丘，帶著丈夫最親的親屬，一起走向河邊。到了河邊，她必須脫光衣服，將所有的首飾和衣服分別送給她的朋友，然後就像是要洗清自己的罪孽一般跳進河裡。從河裡沐浴後，她在岸上用一條四米多長的黃色布條纏繞在自己身上。接下來，她再次拉著她丈夫親屬的手，走向那個土丘，並同鄉親們告別，如果這位婦女有孩子，那麼她的孩子就將託付給大家照顧。為了避免熊熊烈火讓大家心生害怕，土丘和火坑之間拉上了一道簾子。而有些婦女為了顯示自己的勇敢，拒絕拉上這道簾子。等她說完最後的話，會有一位女子將她全身倒滿聖油。而後，她把盛著

聖油的罐子扔進火堆裡，自己也縱身跳了下去。人們拚命地往火堆裡添加木柴，讓大火燒得更旺以減少她痛苦的時間。人們也開始由當初的歡樂轉為悲傷，向她表示哀悼。倘若死者身分低賤，他的屍體就會被運去選定的墳墓。死者將保持坐姿，妻子必須跪在他面前，緊緊抱住他的身體，然後，人們會在他們的周圍砌一道牆，當牆砌到她的肩膀時，她的親人從後面勒住她的脖子，結束她的生命。等她斷氣後，立刻把牆砌高再封死，從此這對夫妻就合葬在此，永不分開。還是在同一個國家裡，裸體修行者[185]也有頗為相似的做法，這並不是遭人強迫所為，也不是一時興起，他們只是想向大家展現自己尊崇的信仰：當年歲增長到一定時候，或是身染重病之時，他們便會自行堆起柴火，在上面放上一張精緻華麗的床，和朋友歡聚之後，就堅定地爬上床點起火，我們甚至看不到他們懼怕的眼神，就只能見到他紋絲不動地躺在那裡，等待著大火把自己焚化。他們中間有一個人就是這麼死的，而且還是在亞歷山大大帝的大軍面前，這個人叫加拉努斯。

這種死法，是裸體修行者唯一的選擇。他們認為，只有這樣才能得到真正的解脫和幸福，在他們享盡塵世間所

---

[185] 裸體修行者為古希臘人對印度一個教派修行者的稱呼。

有一切後，最終讓大火滌淨自己此生的全部罪孽，讓靈魂純潔無瑕地升空。

人生進程中的這種預先籌劃和始終如一，是創造奇蹟的主要原因。

在我們所有的爭論中，有一條是關於命運的。為了把還沒發生的事，包括我們夢想的願望以及所有不確定的未來，與一種無可避免的必然性聯繫在一起，人們依舊堅持從小就認定的一個事實：「既然上帝是這麼規劃和安排生活的，那麼一切將要降臨的事必定會如期而至。」對此，我們的神學大師們這樣回應我們，「我們看見（上帝和我們一樣，同屬看見，並不是預見，因為一切都真實地發生在他面前）一件事將要發生，可是並非由我們強迫致使，其實你們可以這麼認為，因為事件發生了，所以我們看見了，並不是我們提前預想的結果。有事才有知，而非有知才有事。我們遇見的事情，就算如實地發生了，但可能是採取另一種方式展現的；可是上帝，他所預知的每一件事，都記錄了事件的所有原委，甚至那些被人稱之為意外的事件，神都賦予它們足夠的自由意志力，所以，其中必定會摻入我們人類的意志力，他知道倘若我們沒能看見，那只是因為我們自己產生了抵制心理而已。」

然而，我看見許多將領用這種命運必然性的觀點去鼓勵自己的士兵。因為，如果說生死有命的話，那麼不管是敵人的槍擊還是我們的不自量力，勇往直前還是落荒而逃，都無法改變已經判定好的死期。這話說起來容易，實行起來卻十分困難。即使有一種強大而堅定的宗教信仰會帶給我們相應的行動，但是，這種時刻被人掛在嘴邊的信仰，在當下的時代是少之又少，變得微乎其微了。再者，即便有這樣的信仰，一旦涉及實際行動，也就會不了了之。

　　然而，在儒安維爾先生的《聖路易傳》中，講述貝都因人[186]時也曾提及宗教信仰問題。他是一個善良且值得信任的人。貝都因人是與撒拉遜人[187]混居的民族，聖路易在聖地和他們有過來往。據儒安維爾敘述，貝都因人的宗教信仰是：每個人的生命自古以來都是事前決定和計算好了的。因此，戰鬥時，只需手持一把土耳其利劍，身披一件白襯衣，就可以上場殺敵了。當他們怒火沖天時，嘴裡總是重複一句話，似乎是句極其厲害的咒語：「你和全副武裝的貪生怕死之徒一樣軟弱無能！」這證明他們的宗教和

---

[186] 貝都因人為阿拉伯、伊拉克、敘利亞和約旦等地講阿拉伯語的遊牧民族。
[187] 撒拉遜人為中世紀歐洲人對阿拉伯和西班牙等地的穆斯林的稱呼。

信仰與我們的大相逕庭。

　　還有一個極其相似的事例。由兩位與我們父輩同時代的宗教人士提供的證據證明，他們因為在某個科學觀點上產生分歧，於是雙方達成協議，在公共廣場當著所有群眾的面一起跳進火堆，以此來證明各自觀點的正確性。當所有準備工作都已完成，兩人正要往火堆跳入時，意外發生了，事情就這樣被擱置了。

　　一位土耳其貴族青年在穆拉德二世（Murad II）和匈雅提（John Hunyadi）[188] 的戰爭中，表現得極其英勇，毫不畏懼，在兩軍對壘的過程中創造了十分顯赫的戰功。穆拉德二世問他：「你這麼年輕，又毫無經驗（這是他的首場參戰），是誰促使你做到如此高尚、如此有魄力、如此勇敢無畏呢？」他回答說，叫他無所畏懼的老師其實是一隻野兔：「有一天，我去野外打獵，發現一隻躲在洞裡的野兔。雖然我帶了兩隻獵狗，但是為了確保萬無一失，我選擇用弓箭，因為我怕牠耍什麼花招。當我開始放箭時，直到箭袋裡的幾十支箭全部用光也毫無所獲，不但沒有射中，甚至都沒能驚醒牠。最後，我不得不放出獵狗讓牠們去逮捕野兔，然而也是徒勞無功。我由此知道是命運在

---

[188]　匈雅提（John Hunyadi，1407-1456），匈牙利王國的軍事領袖。

保護牠。箭或劍是否能擊中，則是我們的命運所決定的。生死有命，我們無權選擇後退或提前。」我們順便可以從這個故事裡看到，各種各樣的現象都很容易讓我們的理智屈服。

有一個人，無論從年歲、榮譽、地位和學問上說都是一位大人物。他向我吹噓道，外部的刺激導致他的宗教信仰發生了翻天覆地的變化。但是，他所說的外部刺激就像海市蜃樓，根本無法自圓其說，我覺得不可置信：他把它稱之為奇蹟，我也是這麼認為的，不過意思並不相同罷了。

土耳其的歷史學家們說，他們幾乎無一不堅信自己的生命存在著注定的、不可改變的殘忍時效性，這樣的信念使他們無論面臨什麼樣的事都可以臨危不亂。我認識一位尊貴的國王[189]，倘若命運一直偏袒他的話，他將從這種生命的時效性中獲利。

在我們遇見或經歷的事件當中，最讓人欽佩的堅決行動，莫過於密謀殺害奧蘭治親王（William of Orange）[190]

---

[189] 指法王亨利四世（Henri IV）。

[190] 奧蘭治親王（William of Orange，1533-1584），即沉默者威廉一世，荷蘭反對西班牙統治的英雄。西班牙國王腓力二世懸賞把他除掉。1582 年 3 月 18 日，一名刺客用槍把他打傷；1584 年 7 月 10 日，他被第二名刺客殺死。

的行刺事件了。令人不可思議的是，當前一個刺客窮盡畢生努力都沒有行刺成功後，我們看見另一個刺客沿著前者的足跡走上了同一條路。是什麼讓他不受失敗先例的影響，毅然鼓起勇氣，拿起同樣的武器，前往刺殺這個到哪都有侍衛伴其左右的君王 —— 這個身強力壯，全城百姓都對他忠心耿耿的君王 —— 奧蘭治親王，而他在之前就有過不該再輕信人的教訓，防衛也更加難以突破 —— 而最終這位刺客行刺成功。可以肯定的是，行刺者在行動時十分果斷，投入了強勁的熱情，迸發出了巨大的勇氣。用匕首行刺比手槍來得更可靠，不過匕首需要更穩定的手腕活動和臂力，因此也更容易受阻和出錯。我不否定，殺手行刺時是抱著必死的信念，儘管身邊的人會多多少少給予安慰，但理性思考的人都會斷定，這是一次不可能成功的行動。但他成功了，就足夠證明他既有勇氣，又具備冷靜的頭腦。如強有力的信念，它的動力可以是多種多樣的，因為我們的想像力可以隨心所欲地解釋它和我們自己。

在奧爾良附近發生的謀殺事件[191]是前所未有的。這次

---

[191] 指 1563 年 2 月 18 日讓・波爾特羅・德・梅雷謀殺吉斯公爵二世。吉斯公爵為法國政治陰謀家和軍人。他與蒙莫朗西元帥（Anne de Montmorency）和聖安德烈元帥（Saint-André）組成捍衛天主教的三人執政集團，由此而引起了第一次宗教戰爭。

謀殺並不是靠蠻力或智慧，單純是靠巧合和幸運成功的；倘若命運之神沒有插手幫忙，結果很可能不會造成致命的傷害；在飛馳的馬匹身上向另一個騎馬的人射擊，這是一個寧可事敗也不願當逃跑者的作為。隨後發生的事情向我們證實了這一點。確實，刺客有著十分敏感且極度興奮的心理，甚至有時會完全亂了方寸，不知道該進該退，還是停在原地。他向身邊的人求助，幫他渡過一條大河。這種辦法很容易成功，我曾親身體驗過，不管河流多麼湍急，蹚水而過的危險性很小，只要你的坐騎找到容易下水的地方，你就可以輕而易舉地預測對面哪處最容易上岸。謀殺奧蘭治親王的那個刺客與之不同。當人們向他宣布殘酷無情的判決書時，他自豪地說道：「我早就已經準備好了，我堅毅不屈的精神必定會讓你們震驚不已！」

腓尼基的一個獨立的教派 —— 阿薩辛派[192]，在伊斯蘭世界裡被視為最虔誠的教徒，在道德方面也被看作最純潔的象徵。阿薩辛派一直堅定地認為，死後若想進入天堂，唯一的方法就是殺掉敵對教派的人。因此，為了如此偉大的暗殺計劃，他們全力以赴，毫不畏懼，時常隻身一

---

[192] 阿薩辛派指 11 至 13 世紀以暗殺敵人為宗教義務的伊斯蘭教新伊斯瑪儀派。後為暗殺分子的通稱。

勇敢

人潛入敵方陣營，去進行暗殺（這個詞就借自這一教派的名稱[193]）。的黎波里的雷蒙公爵暗殺事件[194] 就發生在他的城市裡。

---

[193] 「阿薩辛派」是法文 les Assassins 的音譯。這個詞後用來通稱「暗殺分子」，從這個詞派生出動詞 assassiner，意為「暗殺」。

[194] 該暗殺發生在 1151 年。

父子相像

> 會讓人更加痛苦的所謂歡樂，理應果斷拋棄，而讓人更
> 加快樂的所謂痛苦，也理應積極追尋。

　　最珍貴的東西不過就是健康。唯有健康，才值得我們花費時間、金錢，揮灑汗水、付出勞苦，不惜用生命去追尋。

　　我在家中無所事事之時，才攤開紙筆來創作，前前後後拼湊，大約就有了這部雜文集。有時因事外出幾個月時間，寫作也就此耽擱，反覆如此，持續了不短的時間，經歷了各種不同的時期，這部作品終於問世。現在，我絕不會因為此刻的種種想法去改動最初的原稿，若是為了讓部分文章增色添彩，也會稍作改動，但並不是刪除幾個字詞。我很樂意將我的思想過程展現出來，讓人們看到每一次思考是如何產生，又如何持續下去的。實際上，我早就想這麼做了，我希望能看清自己的轉變過程。之前，我有一位專為我做口述記錄的僕人，他從我的話裡偷走了好幾篇文章，自以為狠撈了一筆。對於我來說，在發生這件

父子相像

事之後，再也不會有什麼東西丟失了，這一點至少還讓我堪以自慰。自我走上寫作之路，我就整個老了七、八歲，但也並非完全荒廢時光，我在這慷慨的歲月中深刻體驗了腸絞痛。長期與時間打交道，這不可能會一無所獲。但我唯獨希望，當年華為垂暮者準備禮物之時，能賜予我一份更易於接受的禮物。不過，與我從年幼時就獲得的一切相比，年華獻給我的禮物也絕不會可怕多少。垂暮之人所承受的苦難中，這種苦難恰恰是我最恐懼的。我三番五次地慰藉自己，想我已在人生之路上走了如此漫長的旅程，這漫漫長路上遭遇一些不快和困苦，也不足為奇；我也數次說道，是時候該上路了，該遵循外科醫生的規則來動刀截肢，在健康之處切斷生命之源了。若有誰不按時補償他欠下大自然的巨額債務，大自然自會榨乾他的全部血肉，要回這高利貸。然而，這也只是空話。在這一年半的時間裡，我一直深感不適，自覺處境不妙，但也並不像立即就要撒手人寰，所以反倒讓我愈加淡定從容，安之若素。我已妥協於折磨我的腸絞痛，與它達成某種協調；同時，我又找到了一些滿含希望、讓人欣慰的東西。人總是會很快習慣於自己的悲慘境地，所以即使條件再嚴苛，也不會活不下去。

米西納斯說了這樣的話：

就算失去一條手臂，患上痛風病，雙腿也已殘廢，鬆動的牙齒被拔光，只要生命尚存，我也會深感滿足。[195]

在對待那些痲瘋患者時，元成宗鐵穆耳實在是太過殘忍，簡直無異於一種荒謬且愚蠢的人道主義：一旦他聽說某個地方有痲瘋病患者，就立即下令處死他們，還信口雌黃地聲稱，這種方式是幫助他們從痛苦中解脫出來的最好方法。然而，現實中那些痲瘋患者無一不認為，就算患痲瘋病三四次，也比死了要好。

斯多葛派人安提西尼（Antisthenes）重病纏身，他痛苦地叫喊道：「誰能讓我從病痛中解脫出來啊？」恰好此時，第歐根尼去探望他，聽到他這句話，便遞上一把匕首，說：「若是你要馬上解脫的話，來，這個東西可以用。」而他馬上辯駁道：「我說的是從病痛中解脫，又不是擺脫生命。」

某些痛苦僅僅只是觸碰靈魂的邊緣，這對我來說，就不會和其他人那樣倍感痛苦：有些源於心理態度（因為有的事情對世人來說十分可怕，唯恐避之不及，即便放棄生

---

[195] 原文為拉丁語。

命也在所不惜，而對我來說就沒什麼影響），有些源於思想意識，這些不會對我造成直接傷害的事愚不可及；我想，我天性中最好的一部分，便是這類意識。然而，對於那些實實在在的肉體痛苦，我卻十分敏感。在我朝氣蓬勃的年歲，在上帝的庇護下，我只顧享受著健康、安逸和幸福，一旦我的想像中出現了疾病侵襲的畫面，這種虛無的痛苦簡直就會讓我無法忍受，所以，實際上對我來說，這種畏懼心理要遠遠多於受到傷害。這讓我漸漸對一件事深信不疑：我們在生活中使用靈魂深處的絕大部分天賦時，獲得的結果大多都是擾亂這份安寧，而不是促成這份安寧。

不幸的是，我和最棘手、最糟糕的疾病打上了交道。這種突然襲來的痼疾實在是太過痛苦，隨時還有置人於死地的危險。我反覆承受五六次這種病痛的突然發作；每一次我都默默祈禱自己儘快痊癒，就是在這一境況下，倘若靈魂可以摒棄對死亡的畏懼，擺脫醫生給我們潛意識灌輸的不幸、威脅和嚴重的後果，那麼還能夠尋覓到支撐和堅持下去的力量。痛苦並不至於讓一顆淡然寧靜的心變得瘋狂絕望，它沒有那麼可怕和尖銳。就像我與腸絞痛的長期戰鬥，在這一場妥協中，至少我得到了這一益處；原本我

無法與死亡妥協，與一切痛苦並存，而現在，在腸絞痛的促使下，我愈是被逼上絕路，卻愈不會害怕死亡。過去，我是為了活著而嚴肅認真地活；這就是我對生活的理解，而這個看法被病痛推翻了；上帝的此番安排自有它的意圖：倘若痛苦將我踩在腳下，那就是在催促我轉變方向，朝著另一個不見得稍好的極端走去 —— 從恐懼死亡到期盼死亡！

　　這最後的日子，既無所畏懼，也無所盼望。[196]

—— 馬爾希埃

　　這兩種情況皆為可怕的心理，但相比起來，其中一種解藥比另一種更為唾手可得，更加容易。

　　更何況，就我看來，讓我們用一種鎮定自若、無所畏懼的態度來對待病痛，並對它表示出不屑和蔑視，這種說法還是彰顯出做作虛偽。哲學什麼時候開始對外在現象感興趣了？哲學應該去研究心靈和思想！至於我們的身體行為和外在活動，哲學應該移交給那些喜劇演員或修辭學家去操心，這是他們的職責。哲學應該做的是，如若膽怯無法在腸胃或心房內駐留，就讓痛苦從口頭上怯懦地宣泄出

---

[196]　原文為拉丁語。

來；這類情不自禁的抱怨，應該歸於我們那些不受理性控制的自然反應，如嘆氣、啜泣、心跳、面色蒼白等無法控制的行為。心中不再有畏懼，言語中不再有沮喪，哲學就該滿足了！手臂略微變形又有什麼關係，只要思想和靈魂毫不扭曲就足夠了！哲學的培育對象並不是其他什麼人，而是我們自己，哲學的培育也不在於改變外在，而是改變我們的本質。

哲學要改善我們的看法，但這樣就不應去控制我們的看法；在承受腸絞痛的折磨之時，必須保持正常的思維，維持靈魂的清醒狀態，承受痛苦的重量，將痛苦壓在身下，而不是卑微地臣服在痛苦的腳下，靈魂在戰鬥中預熱燃燒，而不是頹廢萎靡；靈魂要能夠溝通交流，甚至與其的對話應抵達某一深度。

在這一關鍵時刻，我們還得在行為上左顧右盼，這就是殘忍。倘若我們內心從容鎮定，即使表情難看也無關緊要。倘若呻吟能減輕肉體的痛苦，那就任憑它去呻吟；倘若高興時身體願意顫動，那就隨它去。倘若尖聲驚叫能像驅散濃霧般趕走痛苦（醫生坦言這會有助於孕婦的分娩），抑或是轉移我們的注意力，擺脫煩惱，那就隨他喊去。不要去控制聲音，命令它該怎樣，而要給它空間，允

許它怎樣。這一點伊比鳩魯不僅認同，還倡導他身邊的賢者把心中的苦惱都喊出來。「角鬥場上的鬥士，在揮起雙拳準備出擊時，嘴裡也不停地發出哼哈聲，因為這會讓全身都緊張起來，讓肌肉集中所有的能量，讓揮出去的拳頭更加有力。」[197] 痛苦本來就已經讓我們忙不迭了，其他多餘的規則更是無暇顧及。許多人在遭遇疾病的反覆折磨時，難免都會叫苦不迭，怨聲怨氣，因此，我的這些話正是為他們準備的；至今為止，就算我不幸感染疾病，也依舊能保持良好的心態，不會刻意維持一種表面的矜持，這一點我並不注重；疾病讓我作何反應，我就如何反應；可能是因為我遭受的痛苦並不強烈，也可能是我比常人更加堅強。當我實在難以忍受病痛的煎熬，我也會開口抱怨個不停，但不管怎樣，至少我不會像這樣完全失控：

> 他嘆氣，抱怨，痛苦呻吟，大聲哀號，四處訴苦。[198]
>
> —— 阿克西斯

　　當我身上的疾病發作激烈時，我也會繼續考量，而這時便會發現，我還能夠思考，還能開口說話，能清清楚楚

---

[197] 原文為拉丁語。第歐根尼語。
[198] 原文為拉丁語。西塞羅語。

父子相像

地回答別人的問題，和其他時間的我沒什麼區別；然而，不同之處就在於，這很難持續下去，因為痛苦會時時刻刻讓人分心，失去理性，無法持久地集中注意力。當別人認為我已經徹底萎靡不振了，便不會再搭理我，而這時，我就會振作起來，開始扯一些與我的疾病毫無關係的話題，和他們大談特談，只要我努力，就能做到這一點，但是要想讓這股力量延續下去，就很難了。

西塞羅這個夢想家的福分我是一輩子都無從享受了，睡夢中，有一個女人摟住了他，而夢醒之後他竟然發現，床單上赫然地躺著他肚子裡的那顆結石！而我的結石讓我全然失去了對女人的興致！在一陣劇痛後，尿道得以放鬆，針灸般的痛感也消失不見，我瞬間就恢復了常態，若肉體沒有做出任何刺激或反應，我的靈魂便無從獲知那些警報的出處，這一定得益於早期我對這種事的理性判斷。

無論何種考驗出現，我既不會無法辨別，也不會驚慌失措：

我的心靈早已對它們熟知 —— 一切預測和體驗都已存我心。[199]

—— 維吉爾

---

[199]　原文為拉丁語。

212

像我這種沒什麼經驗的人，遭遇這種考驗還是有些太過嚴厲，也太過突然，因為原先我所過的生活十分平和、十分幸福，而這就讓我突然間跌入一種難以忍受的痛苦深淵，讓我措手不及。不僅僅疾病本身讓人心灰意冷，最初體現在我身上的種種症狀也比平常要更強烈。頻繁反覆的發作讓我從此失去了安寧。現在的我還有個不錯的精神狀態，若是能持續下去，一定比其他人的狀況要好很多；那些人實際上並沒怎麼生病，也沒遭遇什麼真正的痛苦，他們所感受的痛苦，只是源於自己的錯誤思想罷了。

　　自負心理會帶來某種微妙的謙卑，這就正如我們很清楚自己對很多事物都一無所知，我們坦言自己對大自然賜予的某些特性和特質無從探究，也承認自己不具備挖掘其原因和探索其方法的能力。我們所說的明白的道理，就是自己真正明白的，我們也期盼自己真實而誠懇的表白能獲取別人的信任。因此，尋覓奇蹟或是解決怪題就實在沒什麼必要。我認為，那些老生常談的東西裡，就藏有許多匪夷所思的怪事，絲毫不遜色於那些奇蹟和怪題。比如，讓我們誕生於世的那滴精液就是一個神奇的魔怪，除了驗證了祖先的相貌特徵，還包含其性格上的特性。怎麼會有如此之多說不清道不明的內容包含在這滴液體中呢？

父子相像

　　孫子與曾祖父相像，外甥與舅舅相像，這種紛亂複雜的相像性從何而來呢？在羅馬，李必達一家有三個孩子間隔出生，注意，並非是緊挨著先後落地的，但他們卻生來就有個相同之處：同一隻眼睛上長了一塊軟骨。底比斯有一個家庭，所有的孩子自打從娘胎出來，身上就有一塊標槍形狀的胎記，一旦哪一個新生兒身上沒有這個標記，就被視為野種。亞里斯多德說，有些國家實行共妻制，父子關係的判定以容貌相似度為標準。

　　毫不懷疑，我的結石病是由父親遺傳而來，他就是死於這種病 —— 膀胱裡長了一大塊結石，最終疼痛而死。他發現這個病時已經六十七歲了，而在此前的大半輩子裡，他從未察覺自己的胸腔、腎臟或其他部位有什麼異樣感；直到垂暮之年，他的身體也一直都十分硬朗，很少生病；即便是患了結石病，也還繼續活了七年時間，不過，最後的這七年，他被病痛折磨得死去活來。

　　在他身患結石病的二十五年前，他生下了我，那時的他還十分健壯，我是他的第三個孩子。哪裡才是這種疾病隱患的藏身之地呢？那時，父親離患上此病還有這麼遙遠的年歲，而我的出生所產生的影響會如此遙遠深刻？我也有很多兄弟姐妹，都是同一個母親所生，但患上這種病的

人唯有我一個，為什麼我在四十五歲後會罹患這種疾病？它又如何隱藏得這麼天衣無縫？若有人能為我清楚地解釋這個過程，我一定會對此深信不疑，像信任其他那些奇蹟一樣；我只希望他不要像其他人那樣，冠冕堂皇地給我講述一些比事實還古怪難懂的理論，還強迫我聽信於他。

在這裡，希望我的放肆能得到醫生的諒解，因為歷經了這場無法逃身又曲折不堪的遺傳之路，我曾對醫生的各種說法心生厭惡，輕蔑以對。這種對醫學的輕視態度，完全是出於遺傳，而不是我本身使然。我父親的壽命為七十四歲，祖父為六十九歲，曾祖父也活了近八十個年頭，他們從不吃什麼藥物；用他們的話說就是，所有不作為日常食用的食物，都可稱作藥。

我的觀點在於，醫學是由實驗和病例創造出來的。不過，這樣一個顯著且又解釋問題的實驗要在哪裡做？我並不清楚能不能從醫學史中找出這樣三個人——出生於同一個家庭，不論生死都在同一所房子裡發生，自始至終都堅持遵循醫生的要求生活。他們應坦然承認與我站在同一邊，就算不是源於理性，那至少源於運氣；而就醫生來看，理性要遠不及運氣來得重要。

如今我落得這種境地，醫生千萬不要威脅我或嚇唬

父子相像

我，也不要幸災樂禍，否則這就是不負責任地敷衍糊弄人了。因此，實際上，就我的家庭來看，所有成員都能活到那個年歲，這至少證明了我的話不是毫無道理。這種穩定性在人群中並不常見，再過十八年，這一信念也就有兩百年的歷史了——因為曾祖父是在 1402 年出生的。不過，這個實驗逐漸失去了說服力和證明力，這也有一定的合理性。現在我備受折磨，但我不應承受他們的譴責：之前的四十七年我一直過得安然無恙，無病無災，哪怕我的生命現在已走到了盡頭，也算是不感遺憾了。

出於某種難以解釋的天性，我的祖祖輩輩似乎都厭惡醫學，我的父親連藥都不能接近。我的叔叔科雅克領主，一位教會人士，自幼孱弱多病，但也就這樣頑強地活了六十七年。一次，他連續幾日高燒不退，醫生派人轉告他的家屬，說若不及時求醫必會斃命（他們所指的求醫，通常無異於求死）。在聽到這個可怕的宣判時，這個老實人吃驚不已，但儘管如此，他也照樣回答：「那就死好了。」沒過多久，這份宣告就被上帝撕了個粉碎。

我家有四個兄弟，最小的是布薩蓋領主，比其他兄弟年輕好幾歲，也就只有他一人與醫學領域常打交道。我想，這是出於他議會法院顧問的身分所致，雖然他看上去

神采奕奕，但除了聖米歇爾領主外，他比其他人都早死許多年。

　　我想，很可能我對醫學的抵制態度也是源於他們那裡。但假如只有這一點原因，我會努力將其克服。因為這種天性的傾向性通常都沒什麼道理可言，也就難免會有不利，是一種理應消除的病態心理。既然我的這種傾向是天性使然，那麼我的理性也必然會反覆思考它，順便就鞏固強化它，以至形成了我現在的態度。因為藥難入口而躲避或反抗醫學，這一顧慮也會遭受我的譴責；我的稟性並非如此。我的觀點是，為了健康，再苦的藥、再難以忍受的痛苦治療，都是有所價值的。

　　據伊比鳩魯所說，我認為，會讓人更加痛苦的所謂歡樂，理應果斷拋棄，而讓人更加快樂的所謂痛苦，也理應積極追尋。最珍貴的東西不過就是健康。唯有健康，才值得我們花費時間、金錢，揮灑汗水、付出勞苦，不惜用生命去追尋。倘若生命沒有健康，那就是不公平的，是艱苦難耐的。倘若沒有健康，一切智慧、學問、美德和幸福，都會漸漸消退得無影無蹤。許多哲學家對此有各種蠻橫無理的說法，為了駁斥他們的觀點，不妨就拿柏拉圖來說，倘若他突然中風或癲癇發作，那麼靈魂中的天賦即使再豐

富、再高貴，也起不了任何作用。

　　就我看來，一切抵達健康之峰的道路都不算顛沛流離。當然，這其中我也發現一些其他表象，讓我不禁心生疑惑。我並不是說醫學全無道理，而是說在龐大的自然界中，有益於我們健康的東西數不勝數，應有盡有。

　　我所想表達的是，有些草藥可以用來滋養，有的草藥又是用來汲取精華；根據我的親身體驗，我得知辣根菜可以用來通氣，番瀉葉可以治療便祕；像這類的經驗之談我還懂得很多，比如羊肉可以讓人強健，酒能活血通脈；梭倫稱食物也是一種藥劑，治療的是饑餓症。我坦言承認我們利用大自然神奇的價值，也毫不懷疑萬事萬物對我們的有益性。我看見燕子自由自在地飛翔，白斑狗魚興高采烈地暢遊。讓我們產生懷疑的，是我們腦海中的新創造，現實中的新發明。為了這些，我們遺忘了自然界的界限和節制，遺忘了我們應遵守的自然規則。

　　現在我們所遵循的司法，是古代所有律法延傳至今而成的一個大雜燴，但常被不合理、不正確地運用；那些對司法心生不滿和不屑一顧的人，並不敢直接頂撞這一崇高的品德，而是對這種神聖的褻瀆和濫用大加斥責；同理，我會尊重醫學這一崇高的學術，敬重它救人治病的宗旨，

以及它給予人類重生的希望；但是，在現實生活中，我所見到的醫學的運用，實在是無法苟同。

第一點，我的經驗導致我不自覺地恐懼醫學，因為據我過去的所見所聞，凡是進入醫生治療範圍內的病人，都是先得病的人後痊癒。事實上，過分地謹遵醫囑對恢復健康沒什麼好處。許多醫生並不僅僅滿足於隨意擺布病人，還試圖讓健康的人也患病，以便落入他的掌心之中，最好一直逃不出去。所以他們才總說這樣一句話，常年健康之人必得重病。我就是個常常生病的人；我認為，他們若是不搭理我，我的病也不會多麼難熬（我幾乎已經嘗試了所有的辦法），很快也能痊癒；我也不需要他們給我開什麼藥方。我和其他健康的人一樣自由，不必給自己限制種種規矩，唯一就只有習慣和心情需要注意。我在什麼地方都能生存。即便是生病，也不需要比平常多加什麼特殊照顧。身邊沒有醫師，沒有藥物，沒有治療，我也不會恐慌 —— 就我所知，大多數人擁有這些以後反倒比生了病還要焦慮。難道說，見到一個醫生身體健康、長壽，就認為他們必定也醫術高明？

在最初的幾個世紀，幾乎沒有哪個國家存在醫學這種東西，而那也是最幸福、最美滿的世紀；即便是當下，世

界上還有十分之一的土地不存在醫學，這些領土上的國家並不知道何為醫學，而那裡的居民也比我們這些人更加長壽健康；在我們這群人當中，活得最快樂、最自由的，就是最普通的老百姓。羅馬人接觸醫學是在六百年後，而在他們嘗試過以後，又在監察官加圖的力量下，將它驅逐出了他們的領域；加圖稱，沒有醫學他也照樣活得很好；加圖活了整整八十五年，而他在指導妻子長壽之時，並非說不服藥，而是指不向醫生求助 —— 一切對生命有益的東西都是良藥。

普魯塔克告訴我們，加圖用以維持全家人身體健康的原料似乎是兔肉；據普林尼說，阿爾凱迪亞人治療所有疾病的工具是牛奶。希羅多德說，利比亞人盛行這樣一種風俗，小孩一旦年滿四週歲，就要用火炙他的頭頂以及太陽穴上的血管，以此來徹底隔斷傷風感冒的擴散通道。這個民族的所有成員一旦遭遇疾病，一律都用酒來治療，挑選出最烈性的酒，將番紅花和許多辛香作料摻入其中，這一療法屢試不爽。

說白了，這形形色色的藥方，實際上換了誰都能用草藥來完成 —— 所有的目的與效果無外乎就在於洗胃滌腸。

我並不清楚這些藥方是否真如他們所說如此靈驗，我

們的身體是否也像酒一樣，依靠酒渣才能儲存下去，是不是必須存留一定量的廢物殘渣才能健康。有一個隨處可見的現象，許多健康的人因某些刺激或損傷而不慎嘔吐、腹瀉，因此他們就堅持一定要將自己的腸胃徹徹底底清洗一遍，實際上這只會使疾病惡化，讓身體變得更糟糕。近來，我從柏拉圖的偉大著作中看到這樣的話，他說人體有三大運動，其中催瀉是最不利於身體的運動，除非你完全瘋了，否則不到不得已的情況千萬不能那樣做。背道而行只會引來疾病，擾亂身體的平衡。若是我們不幸患病，應緩慢地引導自己以緩解病況，逐漸恢復健康。若是抓起一把藥物朝疾病狂轟濫炸一通，這顯然不利於健康，因為這就導致身體內部失衡，引發內在的種種衝突，身體無法把握住藥效的功力和深度，那些有損健康的成分就開始伺機作亂。

　　我們應遵循自然法則，那些對跳蚤和鼴鼠適用的法則，人也同樣適用；而跳蚤和鼴鼠甘願在自然秩序的支配下生存，人也要有同樣的耐性。高聲疾呼毫無作用，除了喊啞了嗓子以外，根本不會促進秩序。秩序是不講情面的，它高高在上地俯視著一切。我們心中的失望、恐懼或沮喪，只會令它反感不已，延後它的幫助作用，而並不

父子相像

是推動它的有益性。無論是抵達疾病，還是通往健康，它都有自己的旅程，它不會執法不公，不會做出任何讓一方受損又讓另一方獲利的事，否則還有何秩序可言。看在上帝的份上，讓我們跟隨它而去吧！跟隨它的人，秩序會帶領他們前進，不跟它走的人，秩序會強迫他們前進，甚至連他們的怒火、醫學，以及所有的一切，都逃不過秩序的手掌。與其清洗你的腸胃，還不及清洗你的頭腦來得有意義。

有一個斯巴達人被人問道，他的長壽祕訣是什麼。他回答說：「對醫學一無所知。」阿德里安皇帝在彌留之際也不斷地高呼，那群醫生是殺害他的罪魁禍首。

一位拙劣的角鬥士後來成了一名醫生，對此，第歐根尼告訴他：「你的選擇是對的，要堅持，要勇敢；過去別人欺壓你，摔倒你，現在你翻身了，去摔倒他們吧！」

不過，就尼科克萊斯的話來看，醫生算是幸運的了，他們的成功被陽光照耀得燦燦生輝，他們的失敗被大地隱瞞得天衣無縫；此外，周圍的一切事物都可以被他們拿來謀利，一旦自然命運或其他無數複雜外因在我們身上發揮了有效的作用，體現出良好的結果，醫生就用他的特權將一切功勞歸為己有。只要一個病人躺在醫生的治療室裡，

那麼，他身上顯現出的所有好轉，都可以被算作醫生的功勞。我與其他許多人在生病以後也不會去尋求醫生的幫助，即便如此，當我們因為種種緣由而痊癒之際，醫生還會費盡心思盜取些成果算作自己的貢獻；一旦遇上什麼糟糕的事，他們則會避之不及，若病人怪罪於他，他也只會矢口否認，將所有責任通通推卸給病人，擺出種種荒謬可笑的理由。總之，就算只是一個念頭、一個眼神、一句感慨，都能成為他們冠冕堂皇的藉口。

倘若他們願意，在病人病情惡化之時，他們也會伺機插手一套萬無一失的手段，以此來為自己增光添彩：他給病人服藥之後，病人的寒熱不斷升高，而他則拍著胸脯向我們保證，要是沒有他的這劑藥方，病情不知道會多嚴重。一個渾身發冷的病人，被他們折騰得天天發熱，他們還說，要是沒有他們這個人只會高燒不退。可想而知，連病人的壞事都能被他們變成自己的好事，這醫生的工作又怎會不受歡迎呢。這種做法完全可以在病人身上建立起對他們的信任。你想啊，想讓人相信如此難以置信的事情，不建立一種完全徹底的信任，又如何做到？

這話柏拉圖說得夠實在，醫生之所以具備說謊的自由權利，正是因為他們那虛偽空洞的承諾，正是決定我們是

223

否獲救的唯一要素。

　　偉大的作家伊索（Aesop）出類拔萃，才華非凡，但是真正賞識其才情之人卻寥寥無幾；對待那些已經被病魔折磨得可憐兮兮的患者，醫生如何肆意作為 —— 他描繪得非常幽默風趣：醫生詢問一位病人，他所開出的藥劑療效怎樣，病人回答道：「我冒了一身的汗。」醫生說：「好。」第二次，醫生又問他，身體恢復得如何了，他說：「我渾身發冷，感覺冷得厲害。」醫生說：「那好。」等到第三次，醫生再次問他的病情怎樣了，他說道：「我覺得自己像患了水腫病一樣，感覺渾身都是浮腫的。」結果醫生還是這樣說：「這下更好了。」這位病人的僕人前來探望，主人對他說：「朋友，醫生說我很好，好是很好，但我就要在這好上喪命了。」

　　埃及有這樣一條法律：病人來向醫生求助，前三天一切結果病人自負，三天之後，醫生才擔當全部責任；在阿斯克勒庇俄斯（Asclepius）這位醫學之神的救助下，海倫（Helen of Troy）起死回生，而後遭受雷殛，

　　萬能的眾神之父，看到已到達陰間的死人又返回陽間，十分生氣，大發雷霆，便用雷電轟擊這一神奇醫學的

奠基人，將阿波羅之子驅往冥河邊緣。[200]

—— 維吉爾

而他的追隨者將活人送進地獄，這樣的舉止卻獲得赦免，這是哪門子道理？

尼科克萊斯曾經聽到一名醫生向他吹噓，說無論是誰，見到他的高明醫術無不肅然起敬。對此，尼科克萊斯說：「一個人害死了那麼多人還怡然自得，誰見了還不肅然起敬啊。」倘若我也屬於這一行業的一分子，我會塑造一套更神祕、更神聖的醫術；最初的時候，他們做得還不錯，但遺憾的是，沒有人做到了善始善終。神鬼被賦予醫學創始人的身分，用一種怪異特殊的說法，一種怪異特殊的寫法，這的確是個高明的開頭。

正如一位醫生為病人開的藥方上寫著，「服用體內無血、背負房屋、於草地爬行的大地之子」。[201]

—— 西塞羅

從醫學的工作，以及其他所有虛無縹緲、稀奇古怪的工作來看，這也是一項規則。要使得藥物有效地發揮療

---

[200] 原文為拉丁語。
[201] 原文為拉丁語。其意是指蝸牛。

效，首先必須要求病人充滿信心和希望。至今他們仍舊死抱這條規則不放；對於那些盲目信任醫生的病人來說，再經驗豐富的陌生醫生，也比最無知的熟悉者要醫術高明。

醫生所使用的藥物，絕大多數都實在讓人匪夷所思：烏龜的左爪，壁虎的尿液，大象的糞便，鼴鼠的肝臟，白鴿右翼下的血液；要是碰上我們這類腸絞痛患者（他們實際上根本不在意我們的痛苦），就給我們開些老鼠屎粉末或其他怪異的東西，像變魔法一樣拿出這些來，看上去完全沒什麼科學依據。我還沒提到有些藥物必須按照單數服用，一年中某些節日或特殊日期的療效還不同，藥方中草藥採摘的不同時間，以及他們呆滯的眼球，小心翼翼的舉止，恐怕普林尼也要大加嘲笑一番。不過，我要表明的是，繼這個還不錯的開端之後，他們沒能繼續堅持到底，這就加強了他們行列和診療的宗教意義和神祕性，將非同道之人通通隔離開來，埃斯科拉庇俄斯的祕密儀式也不得參加。

這一錯誤就引發了他們的種種缺點：態度不堅決，做事不果斷，證據不充分，武斷猜疑，態度生硬地對待不同觀點，滿心怨恨、嫉妒，充滿私人情緒；所有缺點都裸露在外，一覽無遺；在這種情況下，還毫不擔憂地將自己交

付於他們，這與瞎子有什麼區別啊。你們沒有看見嗎？那些醫生在看到同行的藥方時，哪一個不是要將其剔除幾味或再添加幾味？他們的這個做法就完全泄漏了動機：他們對自己名聲和收益的重視，要遠遠超過對病人的重視。最聰明的醫生所提倡的做法是，由一名醫生負責治療一名病人。因為，若是這位醫生治療效果不佳，那麼他的錯誤不至於影響到整個醫學界的名聲；反之，倘若他恰好大獲成功，榮耀不僅是他自己的，也會為醫學界增光添彩；一旦醫生越來越多，這必然會讓病人遭受的損害比獲得的益處更多。若是古代名醫永遠都各持己見，他們絕對樂壞了，只有飽讀醫書的人才清楚這一點，而他們之間互相矛盾的診斷觀點，相互攻詰的做法，絕不會在百姓面前透露出一絲半毫來。

不管願不願意，來看看古人在醫學方面的激烈辯論吧。希羅菲盧斯（Herophilos）的觀點是，所有疾病的起因都在於人的體液當中，對此，埃勒西斯特勒塔斯所持的觀點是在動脈血管；而阿斯克勒庇俄斯（Asclepius）則主張存在於毛孔間流動的看不見的原子；阿爾克米昂則堅持是體力的缺乏或過盛；戴奧克利茲則認為源於身體內各元素的失衡，以及人體吸入的空氣品質；斯特拉托認為是人類

食用的物品太過豐富，由我們進食的那些腐爛和生的食物引起的；希波克拉底（Hippocrates）則認為神靈才是疾病的源頭。

　　對這件事唏噓不已的還有一個朋友，這個人他們比我還要熟悉，在世上所有實用性學科中，直接關係到我們生存健康的就是醫學，它的重要性無須多言，然而令人遺憾的是，它也是最混亂無章、最不具確定性、最變化多端的學科。若是將太陽的高度測量錯了，又或者點錯了某個天文學測算的小數點，這並不會釀成大禍；然而，因為醫學與人類的身體息息相關，所以若是我們跟隨它的轉向隨風搖擺，這一點也不明智。

　　伯羅奔尼撒戰爭以前，與醫學相關的傳聞並不多見，醫學之所以後來得到尊重，完全依靠希波克拉底的努力。之後，克律西波斯將他創造的一切徹底推翻；再往後，亞里斯多德的孫子埃勒西斯特勒塔斯又對克里西波斯的論點大加駁斥。在這些人之後又有了經驗派，他們對待醫學的做法完全不同於古人。當經驗派的威信開始下降時，希羅菲盧斯開創了一種新醫學，又被阿斯克勒庇俄斯打倒，消滅乾淨。接著又有泰米森的學說風行一時；以後又有穆薩的學說；再後來是韋克修斯‧維倫茲的學說，他是

與梅瑟萊娜有深交的名醫；醫學王國毀在尼祿時代的塔薩呂斯手中，他對流傳到他這個時代的一切都加以抨擊，他自己的學說又被馬賽的克里那斯推翻，他重新按照星辰活動和星曆表調整醫學活動，要人依據月亮和水星的活動時間來安排睡覺和飲食。他的地位不久又被同一座城市的另一名醫生夏里紐斯代替。後者不但反對古代醫學，還反對已流行幾世紀的公共熱水浴室。他要大家即使在冬天也洗冷水浴，把病人放進天然泉水中去。普林尼時代尚未來臨之前，行醫者當中還沒有一個是羅馬人；就像現在法國的行醫者都是拉丁族人，那時候，行醫的也都只是些希臘人或其他國家的外來人。正如一名大醫師所說，對於那些我們所熟知的醫學，我們採集的草藥，我們自己並不願甘心接受。但是，倘若那些自己有醫生的國家給我們送上癒瘡木、菝葜、桐樹根，不妨換個角度思考一下，我們國家的香芹或白菜是否也會因為充滿異域風情、物以稀為貴而備受歡迎呢？歷經千辛萬苦，這些東西才長途跋涉地來到我們這裡，還有誰會輕視它？

　　古時候的醫學就已如此曲折顛簸，時至今日尚且還不知會有多少的改變，就如當代帕拉塞爾蘇斯（Paracelsus）、菲奧拉凡蒂和阿爾金特里厄斯所做的那樣，時常會

有徹底且全面的改革。他們改革的對象並不是某個藥方，而是 —— 像別人告訴我的 —— 整個醫學領域的組織和管理，譴責過去的行醫者那些行騙或無知的行為。好好想一想，那些可憐的患者究竟都處在什麼樣的境遇中！

他們若是犯了什麼錯誤，也不會對我們有什麼影響 —— 不會從中受益，也不會蒙受損失；倘若他們給我們這樣的承諾，倒不妨在不承擔失去一切的風險下試試會獲得什麼益處。

有一則伊索寓言講了這樣一個故事：一個人買下一名摩爾奴僕，而摩爾人的天然膚色卻被認為是遭受先前主人的虐待所形成的，於是這位新主人叫人在浴盆裡放滿藥水，讓這個摩爾人清洗了很多遍；然而，他皮膚的這種褐色一點也沒有變淡，反而失去了原本健康的光澤。醫生在醫死病人後互相抱怨、推脫責任的現象，我們不知目睹過多少！這讓我想起了，我家臨近的城市在幾年前曾席捲過一場極其危險的流行病，這種病存在致命性的危險；成千上萬的人被這場疾病捲走了性命，而當它過去以後，當地一位最有名的醫生發表了一本談及這場流行病的書。在書中他說道，居民應該改變放血的習慣，聲稱這個舊習正是導致這種疾病風暴的禍根之一。另外，其他那些著作醫書

的作者們都聲明，任何一種藥物都無一例外地含有有害物質，若這些治病的藥都對人體有害，更何況那些不論緣由就服用藥物的事例。

就我看來，那些厭惡藥劑的人，若是在某個不恰當的時機違心地服用藥物，即便沒出什麼大事，也難免會埋下許多危險隱患；我認為，這無異於給予一個急需休息的病人強烈的衝擊，只會讓他的體質更弱。此外，因為許多疾病都是由一些微小且難以捉摸的因素引發的，所以，若是在吞服藥物時稍有差錯，就會給我們帶來不小的損害。

對每個人來說，醫生的誤診或失算，無疑是一種危險的錯誤，是十分糟糕的事，因為醫生很容易一錯再錯；正確的對症下藥需要建立在各種症狀、情緒、環境等因素的基礎之上；他必須準確地掌握病人的性情稟性、性格嗜好、行為風格、念想和希望，還必須了解外部條件、空氣、自然、時間、星辰位置及其影響；他還要仔細診斷疾病的發作起因、發展趨勢和徵兆表現；要清楚地了解藥的劑量、用途、效力、出產地及出產時間、外觀；他還要善於平衡調節這些因素，以便能夠最完美地發揮效用。倘若他稍有參差，在某一點上有所失策，就足夠讓我們承擔風險了。上帝很清楚，要完成這所有事情會有多困難，既

然每一種疾病都有那麼多種症候，你又如何保證自己能分清每種病的典型症候？單單一項尿液分析，他們就會得出多少種結果，又會產生多少爭論！人們總是看見他們不停地爭論，講起各自對疾病的認知便永無休止，這又從何而來？他們甚至常常把貂說成狐狸，這種低級的錯誤我們從何而談原諒？每次當我染上什麼疑難雜症時，就從來沒有三位醫生的診斷是一致的。

在這裡，我更願意講述一些頗有感觸的事例。近來，巴黎有一位貴族在接受了醫生的診療後，決定謹遵醫囑動了手術，而膀胱裡哪有什麼結石，完全同掌心一樣光滑乾淨。

那裡還有我的一位好朋友，是一名主教。他找了許多醫生為他看病，大多數都勸他動手術，以取出結石，我信了那些人的話，也開始勸他。後來，在他逝世後，經解剖發現，他僅僅是腰上有些問題。結石是用手就能摸到的，這種誤診完全沒有可以原諒的餘地。相比之下，外科顯然要可靠得多，因為無論是哪種檢查，都是在看得見、摸得著的部位。醫生並沒有利用各種器械來觀察腦部、肝臟或肺部，因此也就少有個人的推測和臆斷。

醫學上的許多保證實在很難讓人信任。醫生們經常會

面對兩種完全相反的病情急需處理，而這相互之間有必然的連繫，比如肝火太旺、胃寒過重；他們就拿來藥方，然後信誓旦旦地告訴我們，這個藥是去肝火的，那個藥是暖胃的；這個藥直接經過腎臟，甚至直達膀胱，在這個輸送過程中不分散任何藥力，即便沿途遭遇阻礙也不會遺失藥性，直到抵達它應發揮效力的部位，它才會展示出威力來，而那個藥是保持腦部清爽乾燥的，還有一劑藥是滋潤肺部、使兩肺保持溼潤的。用這各種各樣的原料製成的混合型藥物，指望藥物中各個原料的藥性還能分頭行動，去尋找各自的歸屬地，這不是天方夜譚嗎？我甚至還禁不住擔心，這些藥性會不會跑錯了地方，攪亂了身體原本的平衡性，或者是混淆得亂七八糟，完全失去了效力？在這種不斷流動的混亂狀態下，誰能保證每種效力不會互相牴觸，甚至相互損害，形成更大的危害性？另外還有一點，這份藥方的配製還得由另一名藥劑師來完成，這豈不是將我們的生命再次交入別人的手中？

在著裝穿戴方面，我們擁有專門的裁縫師和鞋匠，他們的技術更專業，做工也更精緻、省時，每個人各司其職，不像服裝師傅什麼工作都攬，所以，我們更樂意選用他們那周到的服務；有許多大戶人家十分重視飲食，所以

也會雇傭廚藝超群的大廚師為他們烹飪，同樣也是各色技藝應有盡有，烤肉師傅負責烤肉，蒸肉師傅負責蒸肉，要是只雇一位什麼都能做的師傅，他必然沒有自己的特色絕活。同理，在醫學領域裡，埃及是不承認包攬所有疾病的萬能醫生的，他們把醫療分為不同的科是十分合理的做法；針對不同的身體部位，針對不同的病，他們都有各自專門負責的醫生，每個醫生只擅長於自己的科目，治療當然也就更專業內行，誤診則更少了。醫生們並沒明白，什麼都會治的人，實際上就是什麼都治不了的庸人，人體這個世界雖小，卻有大學問，就他這一個人，怎麼可能全面通透地掌握一切！一位患了痢疾的朋友去求醫，醫生要治療他的痢疾，卻又怕引發高燒，結果這位朋友硬生生地被折磨得喪了命，即便有再多的醫生，也抵不上這位朋友的性命。他們不把重點放在眼下的病情上，卻盲目地去猜測去推斷病況；想治癒頭腦的問題，又擔心對胃部造成損傷，就胡亂開藥，僅憑臆想去用藥，結果胃也壞了，腦袋還更糟糕了。

　　從理性上來看，這門學科所表現出的軟弱性和不穩定性，比任何學科都要嚴重。打個比方：對結石病患者來說，經常食用潤腸的食物是有好處的，它可以適當擴大食

道，推動形成結石的黏稠物，帶走腎臟內的沉澱物及硬化物。但同樣也可以說，結石病患者食用潤腸的食品是不利的，它可以擴大腸胃道，推動形成結石的黏稠物，而這些物質就更容易被腎臟吸收，那些被推動過來的黏稠物就更容易被儲留在這裡；另外，若是遇到某些體積較大的食物難以透過腸胃道，它就必須排出，而黏稠物又會將其送入狹窄的血管，就會引發血管堵塞，這必然導致一種極其痛苦的死亡。

他們採用了同一種堅定態度，來勸誡人們採用何種生活制度：「多排小便對人體是有益的，因為根據經驗我們得知，水分長期留在腹部，就會讓排泄物排出，這就導致了腎臟內極易形成結石。不頻繁小便對人體是有益的，因為若要排出尿液中沉積的廢物，就不得不用力，據經驗我們知道，河道會被急流沖刷得乾乾淨淨，這一點是緩流無法做到的。同理，多行房事是有益處的，因為這會讓排泄器官打開出口，讓尿沙和結石得以排出去；多行房事是有害的，因為這會讓腎臟持續釋放熱量，極易導致衰弱或疲勞的狀態。泡熱水澡是有益處的，這會讓一部分尿沙和結石變得軟化，鬆動，易於排出；泡熱水澡是有害的，因為這種來自於外部的持續熱量，會讓滯留在腎臟內的黏稠物

加速硬化，促進結石的形成。泡溫泉的人少吃晚餐是有益的，這樣的話，他在次日清晨飲水時，幾乎空無一物的胃部能更好地吸收水分，若是午餐也吃得少則更有益處，因為水分就可以完全發揮它的作用，沐浴之後胃部的負擔也不會突然加大，胃在夜間也就更容易完成消化，白天再多的身體和精神活動，也比不上夜間的消化作用。」

從以上我們就可以看到，他們是如何翻來覆去地顛倒事理，企圖叫我們相信他們；就這些事理來看，任何一條我都能從中找出背道而馳的一面來。

不過，也沒必要在他們背後指手畫腳，反正他們自己本就不明不白，只是任憑感覺的指引，到哪一步算是哪一步，這也算情有可原。

過去我屢次外出，基督教國度的溫泉站我幾乎都走遍了，最後也開始嘗試溫泉浴。通常，我還是相信沐浴對健康是有益的；過去幾乎所有的國家，現在也有很多國家的人每天都沐浴，但時至今日，這個習慣已漸漸消失，我想，這的確會在一定程度上損害我們的健康。我始終都認為，每天蓬頭垢面、四肢不潔，這實在是有失顏面。

說到礦泉水，首先我要申明一點，我並沒有天生就厭惡它的味道；其次我要說，它是一種源於自然的單純的資

源，不管有沒有益處，至少是無害的；飲用礦泉水的人群極其龐大且遍步各行各業，這一點足以證明以上的論述。即便我沒見過它發揮什麼神奇的效果，但我也沒聽說它讓誰加重了病情，溫泉站曾有個說法沸沸揚揚，出於好奇，我也做過一番仔細的調查研究，後來發現這純粹是一些胡編亂造，人天生就對自己渴望的希冀有種莫名的信任感。但即便如此，也不能出於惡意地否認礦泉水的一些好處，如促進消化、增大食慾、振奮精神等。除非人本身就已虛弱不堪，我奉勸你一句，這種情況下最好別那樣做。礦泉水自然不能將一座倒塌的大廈重新扶起來，但若是有所傾斜，它還是可以給予支撐的力量，防止進一步惡化出現。

通常，風景優美的地方才會設有溫泉，若是前去享受溫泉的人本就極其虛弱，無法加入療養者的隊伍中散步或鍛鍊，那他的確無法從中受益，至少很難獲得最可靠、最好的那部分療效。出於這一原因，迄今為止我所選擇的療養地，都是一些景色宜人、環境舒適、飲食豐富、伴侶融洽的溫泉站，比如像法國的巴涅埃爾溫泉，最常去的還是德國和洛林交界處的勃隆皮埃爾溫泉，瑞士的巴登溫泉，托斯卡納的盧卡溫泉，主要還是德拉維拉溫泉，我在不同的季節分別去過好幾次。

父子相像

　　至於溫泉地的風俗習慣，溫泉療法的規則和規定，每
個國家都不盡相同，各有各的特色，各有各的看法；據我
的經驗之談，我覺得它們都是大同小異的。德國人從不喝
礦泉水，他們一旦生病，不論是什麼病，都會將自己整天
泡在水裡，像個青蛙一樣。義大利人則要堅持喝九天的
水，三十天以上的沐浴，飲用的礦泉水中通常還會摻入某
些藥物以加強療效。法國的醫生要求我們用散步的方式吸
收礦泉水；其他時間要一直待在床上，在床上喝水，喝完
以後也不能下床，這樣能讓手腳和胃部始終保暖。德國人
的做法則更為不同，他們常常在浴池中拔火罐和放血；義
大利人也有一套自己的沐浴法，用管道將熱水引進浴室，
然後沖洗自己的頭部、胃部，或其他有需要的身體部位。
一個月為一個療程，一天兩次，早晚各一小時。其他不同
的地方還有各不相同的療法和習俗；更精確地來說，每個
地方都是不同的。

　　我僅僅只認同醫學中的這部分療法，其他的姑且不
論；不過，即便它最不虛假做作，但也難免同其他的醫學
療法一樣，充滿了不穩定性和混亂性。

　　無論是什麼話題，詩人都要將其蒙上一層誇張的美麗
面紗，以下兩首諷刺詩足以證明：

昨天，阿爾貢觸碰了喬維斯的神像，雖然神像是大理石製成的，但也阻擋不了醫生的威力！你看，雖然他是石頭做的神，今天大家還是從老廟中把他抬了出來，埋進了土裡。[202]

—— 奧索尼烏斯（Decimius Ausonius）

第二首詩是：

昨天，安特拉哥拉斯興高采烈地跟我們一起沐浴，還興致勃勃地一起吃飯；今天早晨，他就被發現猝死家中，福斯蒂紐斯，你要追究他猝然死亡的原因嗎？因為他的夢中出現了赫莫克勒蒂茲大夫。[203]

—— 馬爾希埃

提及此處，我記起來還有什麼其他的故事。我們故鄉的山腳下有一塊大面積的封地，這塊地叫做拉翁坦。夏洛斯的德‧科班納男爵和我，對這塊地都擁有使用權。這塊土地上的居住民是從安格魯涅山谷遷徙而來的。他們的服飾特色和風俗習慣與眾不同，也有自己的一套生活方式，代代相傳的風情和族規也極具特色，對於祖上的遺訓，他

---

[202] 原文為拉丁語。
[203] 原文為拉丁語。

父子相像

們本本分分地謹遵其行，絕不屈從於別處的管束。這個小地方的生活簡單幸福，民風古樸，壓根不需要附近的法官勞神費心，也不需要有什麼律師前來提點或勸誡；不需要找一個外地人來處理糾紛，也從沒有任何一個居民被迫淪落到乞討的境地。他們從不與外界聯姻或做生意，以此維護他們自己的民風。直至有一個人破壞了這一切 —— 據說父輩那一帶還對他這件事情耿耿於懷 —— 那位村民偶然心血來潮，想要飛黃騰達，命令他的兒子學習法律，去相鄰的城鎮註冊入學，最終讓他當上了村裡所謂的公證人 —— 體面的法律人士。而當這個人的地位日漸增長時，便開始看不起家鄉的舊風俗，不斷地向居民們灌輸說外面的世界有多繁華多美好。起初，他的一名同鄉只是丟失了一頭羊，他就一股腦地勸他去大城鎮，去找大法官來為他評斷；就這樣，他從這件事一直說到那件事，最終把一切都弄砸了。

在這件敗壞風氣的事情發生之後，據說又發生了一件更嚴重的事。有一位外來的醫生，有意要迎娶村裡一名少女，婚後還落戶於此。自此時起，他開始教人們認識心臟、肝膽、大腸的位置，並向他們解釋感冒、發燒、膿腫等醫學名詞的含義，讓他們接觸這些原本遙不可及的知

識。從前，他們只懂得用大蒜來治療百病，不管多麼難以下嚥，那都是袪病的良方，而現在，醫生讓他們服用奇怪的複合藥劑對付傷風感冒，利用他們的身體矇蔽他們，甚至利用他們的生命來大作交易。這些居民們發誓說，自從這個醫生來了以後，他們才開始覺得飲酒過度有害健康，黃昏的溼氣會讓人頭重腳輕，秋季的風比春季的風有害；也是自打他們開始服用藥劑時，才覺得自己的精力大大減弱，渾身都是各種各樣的怪病，壽命也大打折扣。我要講的第一個故事就是如此。

我要講的第二個故事是，在我患上結石症之前，許多人都十分重視羊血，甚至將它視為幾個世紀以來上天賜予我們的嗎哪（神奇的食物），認為有了它，人類的生命才得以延續；許多智者在談起羊血時，也不斷地稱讚其為包治百病的萬靈之藥，是神奇的靈丹妙藥；而就我而言，我也認為，人生難免會遭遇種種厄運和不測，所以年輕力壯之時，也願意隨身攜帶一個護身符，於是，我便下令家中依據書中的方法去養一隻羊。盛夏之時，將牠隔離開來，只讓牠進食增大食慾的青草和白葡萄酒。殺羊的當天我恰好趕回家中，僕人跑來對我說，廚子發現羊胃中赫然呈現出兩三隻大球，被胃裡的分泌液和食物緊緊地包裹起來。

父子相像

我十分震驚,便叫人帶我去看看那羊的內臟,親自解剖給我看。他從中取出了三大塊結石,表面上又粗又硬,但拿起來卻輕如海綿,彷彿是空心的一般;有一塊同滾石一樣圓溜溜的,還有兩塊不圓的彷彿還在生長中。我詢問了那些常常解剖動物的人,得知這類事情並不尋常。牠體內的結石跟我們人類的極其類似;倘若果真如此,那還能期望一頭死於結石症的動物之血能夠治癒一個結石病患者?若是硬要說血液不會受其感染,不會對療效產生影響,那還不如直接說,身體各個器官能在相互作用的情況下生成新物質;雖然人體各個器官的功效有大有小,相互間的作用也十分複雜,但人的身體始終都是一個不可分割的整體。由此可知,這隻羊身上也可能含有形成結石的某些因素。我熱衷於這類實驗並非是為了我自己,也不是出於對未來的恐懼。只是因為我自己以及其他許多的家庭中,女主人難免都存有形形色色的小藥丸,隨時準備用同一種藥劑來對付幾十種不同的病。她們從未檢驗過藥丸的功效,而一旦哪天發揮了效力,便禁不住得意一番。

　不過,我對於醫生的敬重,並非是像箴言[204]說的那樣有求於他(這位哲學家的這本著作裡還提到一個反例,

---

[204]　指《偽經》上的記載。

譴責阿薩國王 [205] 在死前向醫生求助，而不是去求助於神靈），而是在於他們的為人 —— 我見過的許多醫生都是令人尊敬的正人君子。我之所以不滿，不在於他們本身，而是在於他們的工作：即便他們時常利用我們的無知和愚蠢來謀利，這也不值得大加斥責，每個人幾乎都是如此。比醫生更好或更壞的職業大有人做，而其存在的基礎本就是群眾的迷信和愚昧。我不幸患了病，恰巧他們近在咫尺，他們聽到我的呼喚，便走過來陪伴我，服侍我，而後接受我提供的報酬。他們在我的要求下，將我嚴嚴實實地裹起來，讓我能發熱出汗。他們可以讓我喝萵筍或洋蔥湯，也可以要求我飲用白葡萄酒或紅酒，只要是對我的胃沒什麼影響，與我的習慣也不相衝突的事，他們都可以試著做。

我很清楚，對他們來講這算不上什麼，因為苦澀、辛辣這種怪異的味道，才是藥物固有的屬性。斯巴達人一旦生病，利庫爾戈斯（Lycurgus）就命令他們飲酒。原因何在？這是因為斯巴達人本就滴酒不沾，以此來保持健康的身心，這就正如我的一位貴族鄰居，他生性厭惡酒味，倘若在他發燒生病時，酒就能十分有效地治療他的寒熱。

我們看到，他們的隊伍中有很多人與我們的想法相

---

[205] 阿薩（前 910- 前 870），猶太國王。

同。他們過得自由自在，完全不去遵循他們給我們的那些勸誡來生活，更不願意用藥物治療自己的疾病。難道這還不夠說明，他們完全是在利用我們的無知和單純嗎？我們的身體和生命又不比他們高貴，倘若他們並不知曉這些治療的虛假，他們沒有理由不照做。

我們如此盲目無知，因為我們對死亡充滿了恐懼，對恐怖和疾病極為不耐煩，對痊癒和健康充滿了期盼；就在這種純粹的怯懦之下，我們的信仰變得軟弱無力，任人擺布。

醫學被多數人接受，但並不被他們信任。我們常常聽到人們像你們一樣抱怨，對醫學議論紛紛；然而最終他們還是會說：「不這樣的話，我們又能怎樣呢？」好像耐性還不如急性更加有效。

許多被束縛的人默認了自己的可悲，因為他們早已習慣了被別人騙來騙去。只要有人信誓旦旦地保證可以讓他痊癒，他就不由自主地任他宰割。

在巴比倫，人們把病人抬出來讓路人察看；每個市民都是醫生，出於一種情誼和人道主義，每一個路人都會上前詢問一番，依據自己的經驗和知識提出寶貴的醫療建議。我們的做法也極其類似。

若是針對一個頭腦簡單的女士，咒語或護身符之說就屢試不爽了；如果要我接受的話，以我的性情，我想我更願意接受這種療法，因為至少不必擔心它會對我造成什麼傷害。

　　據荷馬和柏拉圖的說法，埃及的每個人都是醫生，事實上，任何一個民族都能用這種說法；每個人都禁不住吹噓自己手握祕方，試圖在鄰里身上試一試它的效力。

　　某一日，我同大家在一起時，有一位可憐的同命人帶來一個消息，說有一種神奇的藥丸由上百種材料製成，可以帶來意料之外的令人驚喜的舒適。這種轟擊，怕是連岩石也經不起吧？然而，之後聽那些試用過的人說，就連最小塊的結石也沒見有什麼改變。

　　在結束本章之前，我還要講述一件事，他們向我提供了許多進行過的試驗，試圖以此證明他們的藥物有多可靠。在我看來，大多數藥物 —— 至少三分之二 —— 其療效都取決於草藥的內在效力或精華成分；而真正的精華只有使用後才能得知其功效；這種本質原因並非是靠理智就能得來的。

　　醫生說，魔鬼為許多證明提供了靈感，這點我還是樂於接受的（因為我不願與奇蹟扯上關係）；同樣，日常生

活中，我們也發現某些物品具有不同尋常的新用途：比如
用來禦寒的羊毛製成的衣物，它還具備乾燥作用，對腳跟
皸裂的治療十分有效。還有我們食用的辣根菜，它能刺
激人的食慾，具有開胃作用。蓋倫說有一位痲瘋症患者
是喝酒治好的，因為有一條蝮蛇鑽進了那個酒桶裡。這些
事例可以讓我們看到與那種實驗類似的做法，醫生也坦言
動物給了他們不少啟迪。至於其他的眾多經驗，他們則聲
稱完全是源於偶然機緣的指引，我認為進步的這種說法實
在是不可思議。在我的想像中，周圍一切的植物、動物、
金屬等等，都被人們盡收眼底，時刻關注。我不知道他從
何處著手進行他的實驗。當人們因為馴鹿的角首次展開遐
想時，這種信任度必定是不深刻也不穩定的，所以這並沒
有讓他的第二步工作變得容易多少。面對數不盡的形形色
色的病、各式各樣的環境，在人們對自己的經驗深信不疑
之前，人就拿自己的感知沒辦法了；在眼花繚亂的事物
中，他要找出哪個是鹿角，在成千上萬種疾病中，要找出
那種是癲癇；在無法言語的眾多感情中，要找出何種是憂
鬱；在變化莫測的季節中，要找出哪個是冬天；在眾多複
雜的民族中，要找出哪個是法蘭西；在這麼多的年紀中要
找出哪個年紀是老年；在高深莫測的天體運行中要找出金

星與土星的會合；在大大小小的身體部位中找出哪個部位是手指；這一切都不依靠任何論證、猜測、舉例或者神的指引，而僅僅受命運的指引，並且這一命運還是完全人為的、有條有理且由淺入深的。

一個人的疾病若是突然痊癒，又如何判斷究竟是疾病走到了盡頭，還是出於偶然的機緣，或者是他那天吃了什麼、碰了什麼，甚至是他的祖母的祈禱終於見效？除此之外，一旦這個證明完美無缺，它所做的證明又能反覆進行幾次？讓這些偶然機緣，這些不確定性拼湊在一起，組成一條長龍，從中得出一條規律？

那麼，當這條規律得出後，又由誰來記錄呢？在數百萬人中，負責記錄他們的實驗的也就只有三個。而命運是否能在適當的機緣下與其中一個相會？倘若有其他的某個人甚至是上百人做了相反的實驗，又會得到什麼樣的結果呢？倘若我們得知全部人類的判斷和推理，可能還會看到希望的曙光。然而，就只讓三名醫生和三個證人來做出判斷，為整個人類訂立規則，這是從何而來的道理：除非讓最廣泛、最神聖的人性來做出選擇，選擇他們，推舉他們，鄭重地宣布他們作為全部人類的代言者。

父子相像

致德·杜拉夫人[206]

　　夫人，您近來探望我時，我正提筆於此處。因為終有一天這本拙作會落入您的手中，我誠懇地期望它能夠證明您給予作者的恩惠讓他十分感激，並且感到極其榮幸。您若在此書中碰見他，依然保持面談時的那種神態和舉止。我或許可以裝作與平日不同，打扮得更為高貴一些，但我不會這樣做，因為我唯獨希望，您在閱讀這些文章時，腦海中浮現出的我依舊是當年我的本色模樣。夫人，您過於珍視我的才能，給予我分量極重的禮節，我希望它們能夠（完完全全、原原本本）在一個更堅實的載體上重現，多在這個世上停留幾日，以便在將來的某一日，您突發奇想希望溫故一番，還能在這書中尋覓蹤跡，不需費盡心思苦苦回憶，那太不值當了呢。我希望，以往或今後，您都能一如既往地喜愛我。不過，我並不追求人們在我死後對我的尊敬和愛戴比在世時要多。

　　泰比里厄斯性情十分古怪，不過這也很常見。許多人都同他一樣，並不在乎生時周圍的人們予以他何種評價，反倒更在意死後自己的名聲如何，是否備受人們的尊崇。

---

[206] 瑪格麗特·多爾·德·格拉蒙，杜拉領主讓·德·杜爾福的遺孀。她是著名的瑪戈皇后的宮廷夫人，參加她的深宮密謀。

倘若我也有幸站在被世人稱頌的那一隊列中，我倒希望世人在我生時讚揚我，讓我伴隨著這些讚頌聲安然離世。我期望聽到的稱讚，不需多廣泛只需集中，不需多持久只需豐盈；它們大可以在我消失之後同樣消失，反正這些溫柔美好的聲音，我也不可能再聽見了。

　　現在，我正欲放棄與他人的交往，卻還招搖地揚著新的箴言警句，這個想法難道還不愚蠢嗎？我絕不會瞎編亂造自己從未做過的好事。不管我這個人究竟如何，我也絕不願意僅僅只是在筆下活成那個樣子；我的特長可以透過我的學識和努力發揮出來；學習並非是為了寫作，而是為了真正地做人。培養我自己的人生，這才是我所有奮鬥的最終目的。我的工作以及所完成的成就，也就是上述這些了。不管做些什麼，總比著書立說要好得多。我並不奢求為我的後代留下富足的財產，我只求能把眼下的生活過得舒舒服服，至少也要勉為其難地過得下去。

　　要說哪個人真的有價值，我們去看他平日的言行舉止，為人態度，看他對待愛情、爭吵、娛樂、婚姻、飲食、工作持家、做事等方面。許多人寫著所謂的好書，腳上卻穿著雙破舊不堪的鞋，要是容我說一句的話，我還是奉勸他們先修理好自己的鞋子吧。你問一個斯巴達人，他

是更想當一位才華橫溢的演說家，還是一位英勇傑出的軍人；就我而言，還是做個好廚師更為實在。

上帝啊！尊貴的大人，我十分不願意做一個只會在筆頭上吹噓作勢，其他方面卻一無是處的廢人。我倒寧願自己愚蠢無知，也不願將自身的資質濫用。愚蠢無知當然會讓我與新的榮耀無緣；但對我來說，若能不失去我所擁有的一點點資質，就算是最大的財富了。就這幅毫無生氣的呆板畫像，不僅抹去了我天性的活力，也與我當時的精神狀態背道而馳，我從前的銳氣和生機一去不復返，垂暮之年已經來臨。我即將走到盡頭，不久就會腐爛、消失。

夫人，現在若不是得到學者的鼓勵，我想我也絕不敢頂撞醫學的神祕性，因為除了您，其他許多人也都十分敬重它。鼓勵我的人中有兩位古拉丁人：普林尼和塞爾修斯。若您有一天偶然碰巧看見他們的著作，您會發覺他們對醫學的評論比我要尖銳得多。我不過是對它施加些刺激，而他們卻是直接將它掐死。普林尼的諷刺更為尖刻：醫生在反覆折磨病人後沒有得到期望的結果，一時無計可施，便想出了這種精明之計籍以脫身：把一些人交付於祈禱和奇蹟，把另一些人直接送去溫泉浴（夫人，您先不要動怒，他所說的並非是指山這頭的溫泉，這些都是屬於格

拉蒙家的，受您家的保護）。

　　他們還有另一種方法用來擺脫我們。倘若他們對我們的治療久不見效，我們略微抱怨，他們就絕不會再費盡心思討好我們，乾脆直接推卸責任，或者把我們送去某個清新潔淨的空曠之處。

　　夫人，我已經說得夠多了，請允許我接下來繼續說完它，方才與您一段閒聊，不小心離題了。

　　這一次是伯里克利，當別人問及他的身體狀況時，他答道：「看看這裡，您就明白了。」說著，他指了指自己手臂和脖子上掛著的護身符。他是想說，他已經開始迷信這些玩意兒，到了將希望寄託於這些無聊小事的地步，也就說明他病得很重，可能時日不多了。

　　這並不是說，今後某一天我不會遭受這種可笑且愚蠢的衝擊，不會雙手捧著自己的生命和健康，交付於醫生手中；可能我也會陷入這種瘋狂，我無法確保將來能堅定信念毫不動搖；倘若那時人們問我的身體狀況，或許我也會與伯里克利做出同樣的回答：「看看這裡，您就明白了。」然後展示出我那重病的證明 —— 將我那沾滿十克鴉片膏的雙手伸出來。而那時，我的判斷力也大大減弱；倘若恐懼感和不耐煩控制了我的身體，那麼我的靈魂也就無異於

父子相像

在發高燒。

　　我的祖先將這種對醫學和藥物的天生反感遺傳給我，為了打這場並不十分熟悉的官司，我費盡了心思，實際上也只是給予這種反感某種安慰和支持，以此證明這其中還包含一定的道理，並非是什麼愚蠢的傾向。同理，當別人見到我在急病之中還如此頑強地抵制人家的威脅和勸誘，不要以為我只是固執己見或頑固迂腐，或者認定這個人無比討厭，或者還認為這只是某種做作的矯情呢。不過，這種行為並不是出於正常的慾望，它這種與我的騾夫和園丁毫無兩樣的舉止，又有什麼讓人驕傲自豪的呢。當然，我懂得，健康是一種肉體上最實在也最美妙的歡樂，我不會自以為是、躊躇滿志地用它去換取一種精神上最虛幻也最縹緲的快樂。榮譽，對於我這種性格的人來說，即便是埃蒙四傑[207]的那種榮譽，就算用發作三次腸絞痛就可以換來的，我也覺得這代價太過昂貴，支付不起。

　　對於喜愛醫學的人，他們也可以有自己的有力且有益的合理看法。若是有人的念頭比我的怪念頭還要怪，或者與我的觀點背道而馳，我絕不會憎惡或抵制，當我看到他人的判斷與我的觀點彼此衝突，我絕不會有一絲的生

---

[207]　法國民間故事敘說查理曼大帝時代埃蒙一家四個兒子的傳奇經歷。

252

氣，也絕不會因看法不同而故意為難他人，或與眾人格格不入。恰恰相反，不同之處才是大自然最大的原則；除了要有不同的外貌，更要有不同的精神；因為精神具有更柔和的質地，更容易進行塑造或改善；我們很少見到脾氣性情、目的意圖都完全相同的情況。這個世界上根本不存在兩個完全相同的想法和頭腦，就像不存在完全相同的兩根毛和兩顆種子一樣。萬物皆有差異，這就是宇宙最普遍的原則和特質。

電子書購買

國家圖書館出版品預行編目資料

如果容許我再過一次人生:留住那稍縱即逝的日子，
蒙田對「生命」的思考 / [法] 米歇爾‧德‧蒙田
(Michel de Montaigne) 著 陳家錄 譯. -- 第一版.
-- 臺北市：崧燁文化事業有限公司 , 2023.07
　　面；　公分
POD 版
譯自 : If I could live again my life
ISBN 978-626-357-445-8(平裝)
1.CST: 生命哲學
191.91　　112008974

如果容許我再過一次人生：留住那稍縱即逝的日子，日子，蒙田對「生命」的思考

臉書

作　　者：[法] 米歇爾‧德‧蒙田（Michel de Montaigne）
翻　　譯：陳家錄
發 行 人：黃振庭
出 版 者：崧燁文化事業有限公司
發 行 者：崧燁文化事業有限公司
E - m a i l：sonbookservice@gmail.com
粉 絲 頁：https://www.facebook.com/sonbookss/
網　　址：https://sonbook.net/
地　　址：台北市中正區重慶南路一段六十一號八樓 815 室
Rm. 815, 8F., No.61, Sec. 1, Chongqing S. Rd., Zhongzheng Dist., Taipei City 100, Taiwan
電　　話：(02)2370-3310　　　傳　　真：(02) 2388-1990
印　　刷：京峯數位服務有限公司
律師顧問：廣華律師事務所 張珮琦律師

-版權聲明

定　　價：330 元
發 行 日 期：2023 年 07 月第一版
◎本書以 POD 印製